Bildung und Humanität

Bildung und Humanität

서울대학교 인문대학 독어독문학과
교 양 독 일 어 교 재 편 찬 위 원 회

서울대학교출판문화원

Vorwort
머리말

근래에 와서 대학에서의 외국어 교육은 듣고 말하기 중심의 어학능력 습득에 갈수록 큰 비중을 두고 있다. 국제화 시대의 요구에 발맞추어 일상적인 의사소통을 위한 외국어 교육이 중시되는 것은 어찌 보면 당연한 추세라 할 수 있다. 그렇지만 대학이 사회의 실용적인 요구만 충족시켜 주는 곳이 아니라 학문의 산실이기도 하다는 대학 본연의 위상을 상기하면, 대학에서의 외국어 교육이 눈앞의 실용적인 목적에만 치우치는 것은 결코 바람직한 현상이 아니다. 더구나 서울대학교의 학부 교육에서 장차 학사가 될 인재를 길러내기 위한 기초교육이 갖는 중요성을 생각하면, 외국어 교육 역시 그러한 교육목표에 걸맞게 적절한 균형을 유지해야 할 것이다.

서구의 여러 언어 중에서도 특히 독일어는 근대 학문의 형성 과정에서 학문의 기초가 되는 언어로서 깊이 뿌리내렸다. 알다시피 독일은 어문학, 철학, 미학, 역사학, 심리학, 사회학, 법학 등 인문사회과학의 다양한 분야에서 현대 학문의 준거가 되는 수많은 고전적 사상가들을 배출하였다. 독일어는 이처럼 폭넓은 문화적 자산을 바탕으로 발전해 온 언어인 만큼 오늘날까지도 학문의 기초가 되는 언어로서 핵심적인 위치를 차지하고 있다. 해당 학문 분야의 중요 문헌을 다른 언어로 번역된 중역본이나 우리말 번역본이 아닌 원전 텍스트로 읽을 수 있는 능력이 평생 동안 학문연구의 든든한 밑거름이 된다고 할 때, 특히 장차 서양의 학문을 공부하려는 학생들은 그런 관점에서 독일어에 접근할 필요가 있다.

지난 1992년에 Wege zur Humanität 전정판이 나온 이후 이번에 그 내용과 체제를 전면 쇄신하여 새로 펴내는 이 교재는 그런 취지를 살려서 학문의 기초가 되는 독일어 독해능력을 향상하는 데 중점을 두었다. 이 교재에 수록된 텍스트는 독일의 문학과 예술, 학문과 문화, 사회와 역사를 두루 포괄하는 다양한 내용으로 구성되어 있어서, 학생들에게 독일문화에 대한 관심과 흥미를 유발하면서 자연스럽게 독일어 독해력을 기를 수 있도록 하였다. 교재의 1부에서는 독일어 텍스트를 해석하는 데 기본이 되는 중요한 구문과 문법을 체계적으로 정리하여 학생들이 독일어 문장 해석에 자신감을 가질 수 있도록 하였다. 2부에서는 짧은 문학작품 위주의 텍스트를, 3부에서는 논설적 성격의 텍스트를 발췌 수록하였다. 그리고 부록으로는 각 과에 나오는 새로운 어휘 및 숙어를 찾아보기 쉽게 페이지별로 정리해 놓았고, 불규칙 동사표도 수록하여 학생들이 스스로 학습하는 데 도움이 되도록 하였다. 이번에 새로 펴낸 교재가 모쪼록 학생들의 독일어 독해력 향상에 도움이 되기를 기대한다.

2005년 1월

서울대학교 인문대학 독어독문학과
교양독일어교재 편찬위원회

Inhaltverzeichnis

차례

Erster Teil

Zweiter Teil

Dritter Teil

부 록

Erster Teil

1. Der Verkäufer und der Elch

Franz Hohler

Kennen Sie das Sprichwort «Dem Elch eine Gasmaske verkaufen»? Das sagt man bei uns von jemandem, der sehr tüchtig ist. Ich möchte jetzt erzählen, wie es zu diesem Sprichwort gekommen ist.

Es gab einmal einen Verkäufer. Er war dafür berühmt, dass er allen alles verkaufen konnte.

Er hatte schon einem Zahnarzt eine Zahnbürste verkauft, einem Bäcker ein Brot und einem Blinden einen Fernsehapparat.

Seine Freunde sagten zu ihm: «Du bist aber ein wirklich guter Verkäufer, erst wenn du einem Elch eine Gasmaske verkaufst.»

Da ging der Verkäufer so weit nach Norden, bis er in einen Wald kam, in dem nur Elche wohnten.

«Guten Tag», sagte er zum ersten Elch, den er traf, «Sie brauchen bestimmt eine Gasmaske.»

---

*Franz Hohler (1943~): 스위스의 카바레(춤과 노래 등을 곁들인 사회 · 정치 풍자극) 배우이자 소설 · 희곡 작가.

«Wozu?», fragte der Elch. «Die Luft ist gut hier.»

«Alle haben heutzutage eine Gasmaske», sagte der Verkäufer.

«Es tut mir leid», sagte der Elch, «aber ich brauche keine.»

«Warten Sie nur», sagte der Verkäufer, «Sie brauchen schon noch eine.»

Und wenig später begann er mitten in dem Wald, in dem nur Elche wohnten, eine Fabrik zu bauen.

«Bist du wahnsinnig?», fragten seine Freunde.

«Nein», sagte er, «ich will nur dem Elch eine Gasmaske verkaufen.»

Als die Fabrik fertig war, stiegen soviel giftige Abgase aus dem Schornstein, dass der Elch bald zum Verkäufer kam und zu ihm sagte: «Jetzt brauche ich eine Gasmaske.»

«Das habe ich mir gedacht», sagte der Verkäufer und verkaufte ihm sofort eine. «Qualitätsware!», sagte er lustig.

«Die anderen Elche», sagte der Elch, «brauchen jetzt auch Gasmasken. Hast du noch mehr?» (Elche kennen die Höflichkeitsform mit «Sie» nicht.)

«Da habt ihr Glück», sagte der Verkäufer, «ich habe noch Tausende.»

«Übrigens», sagte der Elch, «was machst du in deiner Fabrik?»

«Gasmasken», sagte der Verkäufer.

Strukturen

Das sagt man bei uns von **jemandem**, **der** sehr tüchtig ist.
우리 나라(고장)에서는 매우 유능한 사람에 대해 그런 말을 한다.

Ich möchte erzählen, wie es **zu** diesem Sprichwort **gekommen** ist.
어떻게 이런 속담이 생겼는지 말씀드리고 싶습니다.

Es gab einmal einen Verkäufer, der **dafür** berühmt war, **dass** er allen alles verkaufen konnte.
옛날에 한 판매원이 있었는데, 그는 누구에게나 무엇이든지 팔 수 있었기 때문에 유명했다.

Ein wirklich guter Verkäufer bist du **erst**, **wenn** du einem Elch eine Gasmaske verkaufst.
자네가 고라니에게 방독면을 팔아야 비로소 자네는 진짜 유능한 판매원이야.

(Es) tut mir leid, aber ich brauche keine (= keine Gasmaske).
미안하네만, 난 방독면은 필요치 않아.

Wenig später **begann** er mitten in dem Wald, **in dem** (= wo) nur Elche wohnten, eine Fabrik **zu bauen**. 얼마 후 그는 고라니들만 사는 숲 한가운데에 공장을 짓기 시작했다.

Als die Fabrik fertig war, stiegen **so** viel giftige Abgase aus dem Schornstein, **dass** der Elch bald zum Verkäufer kam und zu ihm sagte. 공장이 완공되자 많은 폐기가스들이 굴뚝에서 나왔기 때문에 고라니는 곧 판매원에게 가서 그에게 말했다.

«Das habe ich mir gedacht», sagte der Verkäufer und verkaufte ihm sofort eine (= eine Gasmaske). "그럴 줄 알았어요", 판매원이 말하고는 즉시 그에게 (방독면) 한 개를 팔았다.

Grammatik

1. 정관사형 관계대명사와 관계대명사절

관계대명사절(=관계문)은 형용사절로서 선행(명)사를 수식한다. 관계대명사의 성(남성, 여성, 중성)과 수(단수, 복수)는 선행사의 성과 수에 일치한다. 관계대명사의 격(1격, 2격, 3격, 4격)은 관계대명사절 안에서 관계대명사의 역할에 따라 결정된다.

	남성	여성	중성	복수
1격	der	die	das	die
2격	dessen	deren	dessen	deren
3격	dem	der	dem	denen
4격	den	die	das	die

Der Mann, **der** hier wohnt, ist Architekt.
Die Frau, **die** hier wohnt, ist Architektin.

Der Mann, **dessen** Sohn ich kenne, ist Architekt.
Die Frau, **deren** Tochter ich kenne, ist Architektin.

Der Mann, **dem** ich eine Karte schreibe, ist Architekt.
Die Frau, **der** ich eine Karte schreibe, ist Architektin.

Der Mann, **den** ich liebe, ist Architekt.
Die Frau, **die** ich liebe, ist Architektin.

Der Mann, **auf den** ich warte, ist Architekt.
Die Frau, **auf die** ich warte, ist Architektin.

Der Bus, **auf den** (= worauf) ich warte, kommt immer noch nicht.

Wenig später begann er mitten in dem Wald, **in dem** (= worin/wo) nur Elche wohnten, eine Fabrik zu bauen.

2. 전치사 + 명사구/절

전치사 다음에 명사가 아닌 명사절이나 명사구(부정사 구문)가 오는 경우, 전치사는 영어에서처럼 생략되지 않고 **da(r) + 전치사**의 형태를 취한다. 이 때의 술어가 인간의 감정을 나타내는 내용이면 da(r) + 전치사를 생략할 수 있다.

독어: Er besteht **auf** seiner Unschuld.
Er besteht **darauf**, **dass** er unschuldig ist.
영어: He insists **on** his innocence.
He insists that he is innocent.
그는 결백을 주장한다.

Der Verkäufer war **dafür** berühmt, **dass** er allen alles verkaufen konnte.
Das hängt **davon** ab, **ob** wir das Ziel erreichen können.
Er wartet **darauf**, **dass** der Bus kommt.
Ich freue mich (**darüber**), ihn wieder gesund **zu sehen**.
Ich bin (**davon**) überzeugt, **dass** er mich liebt.
Ich danke Ihnen (**dafür**), **dass** Sie meinem Sohn geholfen haben.

3. 부정(不定)대명사 alles, alle

alles: "모든 것", "모두" - 중성 정관사(das)의 어미를 취한다.
alle: "모든 사람들" - 복수 정관사(die)의 어미를 취한다.

Alles ist in Ordnung.
Alles (= Alle Leute) aussteigen!
Sind **alle** gekommen, die eingeladen waren?
Das war der Wunsch **aller**.
Der Verkäufer konnte **allen alles** verkaufen.

부정대명사 all... 형은 부가어적으로도 사용된다. 단수명사(추상명사, 물질명사) 앞에서는 단수 정관사 어미를, 복수명사 앞에서는 복수 정관사 어미를 취한다.

Aller Anfang ist schwer.
Er hat **alles** Geld verloren.
Er ist mit **aller** Vorsicht nach Hause gefahren.
Alle Mitglieder haben an der Sitzung teilgenommen.

Übungen

1. 두 문장을 보기와 같이 하나의 문장으로 연결하시오.

> Der Herr ist freundlich. Er hat mir den Weg gewiesen.
> → Der Herr, der mir den Weg gewiesen hat, ist freundlich.

1) Ich kenne eine Frau. Sie versteht viel von Musik.
→ ____________________

2) Der Schüler fährt nach Berlin. Sein Vater ist gestorben.
→ ____________________

3) Die Dame ist sehr alt. Ich will ihr helfen.

→ ____

4) Das sind Gedanken. Wir finden sie schon bei Kant.

→ ____

5) Sie lesen gerne sentimentale Geschichten. Theodor Storm ist ihr Dichter.

→ ____

2. 다음 빈 곳에 적합한 관계대명사를 넣으시오.

1) Es gab einmal einen Verkäufer, __________ allen alles verkaufen konnte.

2) Herr Klein, __________ wir gerade gefragt haben, ist hier fremd.

3) Das Kind, __________ Ausweis nicht zu finden war, darf nicht ausreisen.

4) Königsberg ist die Stadt, in __________ Kant geboren ist.

5) Hier ist ein Buch, von __________ er so oft gesprochen hat.

6) Ist das die Dame, __________ Bücher dich bewundert haben?

7) Der Diener, ohne __________ er nicht leben und __________ er nicht vergessen konnte, war früher Soldat gewesen.

2. Immanuel Kant

Kant wurde in Königsberg in Ostpreußen geboren, einer Stadt, die er sein ganzes Leben lang nicht verlassen hat. Kant war das vierte von elf Kindern, von denen aber sechs schon in jungen Jahren gestorben sind.

Mit Kant ging ein Zeitalter in der Geschichte der Philosophie zu Ende und ein neues begann. Im 18. Jahrhundert, das wir das Zeitalter der «Aufklärung» nennen, hatte man bis zu Kant geglaubt, mit dem Verstand alles erklären zu können. Für diese Zeit war alles vernünftig, was der Mensch mit seinem Kopf fassen konnte. Aber niemand hatte bisher gefragt, wie es denn in diesem Kopf selbst aussah. Kant war der Erste, der das Denken selbst kritisch untersuchte und damit nicht nur dessen Gesetze, sondern auch dessen Grenzen fand, was ihn manchmal mit den herrschenden Ideen in Konflikt brachte. Sein Hauptwerk, in dem er sein kritisches System entwickelte, ist die «Kritik der reinen Vernunft» aus dem Jahr 1781.

Die Genauigkeit bestimmte aber nicht nur sein Denken, sondern auch sein ganzes

*Immanuel Kant (1724~1804): 독일 계몽주의 시대의 철학자. 대표적인 저서로 *Kritik der reinen Vernunft* (1781), *Kritik der praktischen Vernunft* (1788), *Kritik der Urteilskraft* (1790) 등이 있음.

Leben, was uns von vielen seiner Zeitgenossen berichtet wird. Er ging abends pünktlich um zehn Uhr zu Bett und stand ebenso pünktlich morgens um fünf Uhr auf. Nach dem Aufstehen nahm er ein leichtes Frühstück zu sich, welches aus einer Tasse Kaffee und einer Pfeife Tabak bestand, was wir kaum als besonders gesund empfinden werden. Den Vormittag verbrachte er arbeitend hinter seinem Schreibtisch. Um ein Uhr ging er zum Essen, in jüngeren Jahren in einem Restaurant, später bei sich zu Hause. Dazu lud er dann gerne einige Freunde ein, mit denen er sich lange, bis vier oder gar fünf Uhr, unterhielt. Über alles durfte dabei gesprochen werden, sogar über die Küche und das Kochen — nur nicht über die Philosophie. Kant, der nicht nur das Gespräch liebte, sondern auch gerne gut aß, interessierte sich sehr für die Geheimnisse der Kochkunst, besonders in der Gegenwart von Frauen. Einer seiner Freunde schlug ihm einmal vor, auch eine «Kritik der Kochkunst» zu schreiben.

Nach dem Essen machte er dann seinen täglichen Spaziergang, bei dem er immer denselben Weg nahm. Er soll aus diesem Grund seine Schwester, die in einem Teil der Stadt wohnte, der nicht an seinem Weg lag, vierundzwanzig Jahre nicht gesehen haben. So pünktlich erschien er in den Straßen der Stadt, dass die Königsberger ihre Uhren nach ihm stellen konnten.

Strukturen

Mit Kant **ging** ein Zeitalter in der Geschichte der Philosophie **zu Ende** und ein neues (Zeitalter) begann. 칸트와 더불어 철학사의 한 시대가 마감되고 새로운 시대가 시작되었다.

Im 18. Jahrhundert, das wir das Zeitalter der «Aufklärung» nennen, hatte man bis zu Kant geglaubt, mit dem Verstand alles **erklären zu können** (= dass man mit dem Verstand alles erklären konnte). 우리가 '계몽'의 시대라 부르는 18세기에는 칸트에 이르기까지 오성을 가지고 모든 것을 설명할 수 있다고 믿었다.

Für diese Zeit war **alles** vernünftig, **was** der Mensch mit seinem Kopf fassen konnte.
이 시대 사람들에게는 인간이 자신의 머리로 이해할 수 있는 모든 것이 이성적이었다.

Aber niemand hatte bisher gefragt, **wie** es denn in diesem Kopf selbst aussah.
그러나 당시까지 대관절 이 머리 속 자체가 어떤 모습인지 물어본 사람은 아무도 없었다.

Kant war **der Erste** (Mensch), **der** das Denken selbst kritisch untersuchte. (= Kant untersuchte als Erster das Denken selbst kritisch.) 칸트가 사고 자체를 비판적으로 탐구한 최초의 사람이었다.

Damit fand er nicht nur **dessen** Gesetze (= die Gesetze des Denkens), sondern (auch) dessen Grenzen.
이로써(= 그가 처음으로 사고를 연구함으로써) 그는 사고의 법칙뿐 아니라 사고의 한계도 발견했다.

Das **brachte** ihn manchmal mit den herrschenden Ideen (seiner Zeit) **in Konflikt**. 그것(= 칸트가 발견한 사고의 법칙과 한계)이 그를 때로는 (자기 시대의) 지배적인 이념과 충돌케 했다.

Die Genauigkeit bestimmte aber nicht nur sein Denken, sondern auch sein ganzes Leben, **was** uns von vielen seiner Zeitgenossen berichtet wird (= **das** wird uns von vielen seiner Zeitgenossen berichtet).
정확성이 그의 사고뿐 아니라 그의 전 인생에도 결정적인 작용을 했는데, 그 사실을 그의 동시대인 중 여러 사람이 우리들에게 전하고 있다.

Nach dem Aufstehen **nahm** er ein leichtes Frühstück **zu sich**, welches (= das) **aus** einer Tasse Kaffee und einer Pfeife Tabak **bestand**, **was** wir kaum als besonders gesund empfinden werden (= **das** werden wir kaum als besonders gesund empfinden).
기상하고 나면 그는 커피 한 잔과 담배 한 대로 짜인 가벼운 조식을 했는데, 우리는 그것(= 그런 식사)을 특별한 건강식이라고는 생각하지 않을 것이다.

Über alles durfte **dabei** gesprochen werden (= Über alles durfte man dabei sprechen), sogar über die Küche und das Kochen — nur nicht über die Philosophie.
그러면서(= 담소하면서) 모든 것에 관해 이야기할 수 있었다. 심지어는 요리와 요리하기에 관해서도 — 하지만 철학에 관한 이야기는 해서는 안 되었다.

Er **soll** aus diesem Grund seine Schwester, die in einem Teil der Stadt wohnte, der nicht an seinem Weg lag, 24 Jahre nicht **gesehen haben**. (= Man sagt, er **habe** aus diesem Grund seine Schwester [...] 24 Jahre nicht **gesehen**.) 이런 이유에서 그는 자신의 (산책)코스에 있지 않은 시내의 한 구역에 살고 있던 누이동생을 24년 간 만나지 못했다고 한다.

Grammatik

1. 수동형

1) 상태수동: sein... + 타동사의 과거분사

Ich **bin** am 15. Mai 1985 in Seoul **geboren**.
= Ich wurde am 15. Mai 1985 in Seoul geboren.

Er **ist** schwer **erkältet**.
= Er hat sich schwer erkältet.

2) 자동사 문장의 수동형

Man durfte dabei über alles sprechen.
= Es durfte dabei über alles *gesprochen werden*.

Dabei durfte über alles gesprochen werden.
= Über alles durfte dabei *gesprochen werden*.

2. 목적어로 쓰이는 zu-부정사(Infinitiv)

Man glaubte damals bis zu Kant, mit dem Verstand alles erklären **zu können** (= dass man alles mit dem Verstand erklären konnte).

Sein Freund schlug ihm vor, auch eine «Kritik der Kochkunst» **zu schreiben** (= dass er auch eine «Kritik der Kochkunst» schreiben sollte).

3. 관계대명사 was

1) 선행사를 포함한 was

Erzähle, **was** du erlebt hast!

Was ich nicht weiß, macht mich nicht heiß.

2) 선행사를 갖는 was

관계대명사 was의 선행사가 될 수 있는 것: 중성 지시대명사(das), 부정대명사(etwas, nichts, viel(es), wenig(es), alles, manches, ein(e)s), 중성 명사화된 형용사의 최상급(das Beste, das Schönste)

Das, **was** Sie mir gesagt haben, ist nicht wahr.
Das ist doch **das Schönste**, **was** es gibt.
Für diese Zeit war **alles** vernünftig, **was** der Mensch mit seinem Kopf fassen konnte.

3) 선행문의 내용을 받는 was

Er ist **ein Bettler**, **was** ich nicht bin.
= Er ist ein Bettler, das bin ich aber nicht.

Er bat mich, **ein Glas Wasser zu holen**, **was** ich tat.
= Er bat mich, ein Glas Wasser zu holen, das tat ich.

Er fand nicht nur die Gesetze des Denkens, sondern auch dessen Grenzen, **was** ihn mit den herrschenden Ideen in Konflikt brachte.

Er nahm ein leichtes Frühstück, das aus einer Tasse Kaffee und einer Pfeife Tabak bestand, **was** wir kaum als besonders gesund empfinden werden.

Die Genauigkeit bestimmte aber nicht nur sein Denken, sondern auch sein ganzes Leben, **was** uns von vielen seiner Zeitgenossen berichtet wird.

4. 소문을 나타내는 화법조동사 sollen

sollen ... + 단순부정법: 현재사실에 대한 소문
sollen ... + 완료부정법: 과거사실에 대한 소문

Laut Wetterbericht **soll** es heute **regnen**.
= Wetterbericht sagt, dass es heute regnen soll[wird].

Er **soll** seine Schwester 24 Jahre nicht **gesehen haben**.
= Man sagt, er habe seine Schwester 24 Jahre nicht gesehen.

5. 부정대명사 einer, eine, ein(e)s: ein... + 정관사 어미

1) 전체의 일부를 나타낸다

Ist **ein(e)s** von uns verletzt? (남녀를 구분하지 않을 경우)
Ist **einer** von uns verletzt? (남자인 경우)
Ist **eine** von uns verletzt? (여자인 경우)

2) 불특정한 대상을 가리킨다

Ich habe keinen Bleistift. Hast du **einen** (= einen Bleistift)?
Ich habe keine Krawatte. Hast du **eine** (= eine Krawatte)?
Ich habe kein Handtuch. Hast du **ein(e)s** (= ein Handtuch)?

Übungen

※ 다음 문장들을 능동은 수동으로, 수동은 능동으로 고치시오.

1) Es wird von vielen seiner Zeitgenossen bezeugt.
→ ______________________________

2) Der Präsident ernannte sie zur Ministerin.
→ ______________________________

3) Ich habe dir das Bild gezeigt.
→ ______________________________

4) Man hat ihn oft danach gefragt.
→ ______________________________

5) Ich bin nicht gefragt worden.

→ ____

6) Am Sonntag wird nicht gearbeitet.

→ ____

7) Bei uns tanzt man gern.

→ ____

8) Man half dem Alten erst nach einer Woche.

→ ____

9) Ihm wurde einfach nicht geglaubt.

→ ____

10) Man muss den Kranken sofort operieren.

→ ____

3. Faust als moderner Mensch

Goethes *Faust* gilt als die größte Dichtung deutscher Sprache. Goethe übernahm den Stoff der alten Sage, aber er gab ihr einen neuen Sinn. Mit einer Wette zwischen Gott und dem Teufel beginnt Goethes Drama, einer Wette um Fausts Seele.

Der Teufel: *Was wettet Ihr? Den sollt Ihr noch verlieren,*
Wenn Ihr mir die Erlaubnis gebt,
Ihn meine Straße sacht zu führen!
Der Herr: *Solang' er auf der Erde lebt,*
Solange sei dir's nicht verboten.
Es irrt der Mensch, solang' er strebt.

Der «Herr» selbst gibt also die Erlaubnis, dass das Streben des Menschen nach Erkenntnis der Natur und nach Erkenntnis eines Lebenssinns vom Bösen, von Irrtum und Schuld begleitet wird.

Vom Himmel führt der Blick auf die Erde. Tief enttäuscht über sein Leben sitzt Faust in seinem engen Studierzimmer:

Habe nun, ach! Philosophie,
Juristerei und Medizin,
Und leider auch Theologie
Durchaus studiert, mit heißem Bemühn.
Da steh' ich nun, ich armer Tor,
Und bin so klug als wie zuvor!

Was Faust durch sein Studium nicht erreichte, versucht er durch Magie zu erzwingen:

Daß ich erkenne, was die Welt
Im Innersten zusammenhält, …

Doch die Magie stürzt ihn noch tiefer in die Verzweiflung. In dieser Not erscheint der Teufel und bietet sich Faust als «Diener» an. Im alten Volksbuch verbindet sich Faust nun mit dem Teufel. Damit ist dort Fausts Ende vorherbestimmt, seine ewige Strafe in der Hölle. Goethes Faust jedoch schließt mit dem Teufel keinen Bund, sondern, wie vorher Gott, eine Wette:

Werd' ich zum Augenblicke sagen:
Verweile doch! du bist so schön!
Dann magst du mich in Fesseln schlagen,
Dann will ich gern zugrunde gehn!

Nur wenn es dem Teufel gelingt, Fausts Streben wenigstens ein einziges Mal völlig zu befriedigen, dann ist Faust bereit, ihm in die Hölle zu folgen. Wer wird die Wette gewinnen?

Mit dem Bösen als Begleiter beginnt nun für Faust ein dramatisches Leben voller Höhen und Tiefen, voller Irrtum und Schuld. Am Ende ist Faust Herr über ein Land am Meer geworden; aus dem Meer will er ein neues Land gewinnen; hier soll ein freies, glückliches Volk wohnen. «Am Anfang war die *Tat*!» So hatte einst Faust seine Übersetzung der Heiligen Schrift begonnen. In dieser «Tat» für die Menschheit sieht Faust nun den Sinn seines langen Lebens. Nun darf er hoffen, dass sein Streben endet:

Zum Augenblicke dürft' ich sagen:
Verweile doch, du bist so schön!

Doch Faust stirbt, irrend und strebend bis zum letzten Augenblick, unvollendet als Mensch. Der Teufel glaubt, seine Wette gewonnen zu haben, aber Engel erscheinen und tragen Fausts Seele in den Himmel:

Gerettet ist das edle Glied
Der Geisterwelt vom Bösen,
Wer immer strebend sich bemüht,
Den können wir erlösen.

Goethe hat also die alte Sage in dem wichtigsten Punkt geändert: Faust wird nicht verdammt, sondern erlöst. Das Streben nach Erkenntnis eines Lebenssinns gehört zum Wesen des Menschen, ja es gehört zu seinem Wertvollsten — trotz seiner Irrtümer und Schulden.

Strukturen

Es irrt der Mensch, **solang'** er strebt.
(= Der Mensch irrt, solange er strebt.) 인간은 노력하는 한 방황한다.

Solang' er auf der Erde lebt, **solange** sei dir's nicht verboten.
(= Solange er auf der Erde lebt, so lange sei es dir nicht verboten.)
그가 지상에서 살고 있는 한, 그 동안 만큼은 네게 그것을 금하지 않겠다.
☞ 앞의 solang은 종속접속사 solange에서 운율을 고려하여 e를 뗀 형태이며, 뒤의 solange는 부사로 원래는 so lange임.

Der Herr selbst gibt also die Erlaubnis, dass das Streben **des** Menschen nach Erkenntnis der Natur und nach Erkenntnis eines Lebenssinns vom Bösen, von Irrtum und Schuld begleitet wird.
그러니까 주님 자신이 허락을 하신 것이다. 자연을 인식하고 삶의 의미를 인식하려는 인간의 노력에 악이, 잘못과 죄가 따르게끔.

Was Faust durch sein Studium nicht erreichte, **versucht** er durch Magie **zu erzwingen**.
파우스트는 연구로써 도달하지 못한 것을, 주술로써 억지로 얻어내려 한다.

Dass ich erkenne, **was** die Welt / Im Innersten zusammenhält.
무엇이 세계를 그 가장 깊은 곳에서 지탱하고 있는지 내가 알도록.

Goethes Faust jedoch schließt mit dem Teufel **keinen** Bund, **sondern**, wie vorher Gott, eine Wette.
괴테의 파우스트는 그렇지만 악마와 결탁하지 않고, 앞서서 신이 그랬듯이, 내기를 한다.

Werd' ich zum Augenblicke sagen: Verweile doch! du bist so schön!
순간에게 내가 "머물거라! 너 참으로 아름답구나!"라고 말하거든

Nur wenn (= Erst wenn) es dem Teufel gelingt, Fausts Streben wenigstens ein einziges Mal völlig zu befriedigen, **dann** ist Faust bereit, ihm in die Hölle zu folgen.
파우스트가 추구하는 것을 단 한 번이라도 완전히 충족시키는 데 악마가 성공했을 때만 파우스트는 악마를 따라 지옥으로 갈 용의가 있다.

Der Teufel glaubt, seine Wette **gewonnen zu haben** (= dass er seine Wette gewonnen hat), aber Engel erscheinen und tragen Fausts Seele in den Himmel. 악마는 자기가 내기에 이겼다고 믿지만, 천사들이 나타나 파우스트의 영혼을 하늘나라로 데려간다.

Wer immer strebend sich bemüht, / **Den** können wir erlösen.
언제나 노력하며 애쓰는 자, 그를 우리는 구원할 수 있다.

Grammatik

1. 독일어의 접속사

1) 등위 접속사

어순에 변화를 일으키지 않으면서 단어나 문장을(und, aber, oder, sondern), 혹은 문장을(denn) 연결하는 접속사이다.

und, aber, oder, denn, sondern

Der Verkäufer ist schlau, **und** der arme Elch ist hilflos.

Die Eltern machen eine Reise, **aber** die Kinder bleiben zu Hause.
Sie ist *zwar* klein, **aber** kräftig.

Was möchten Sie, Kaffee **oder** Tee?
Du kommst, **oder** ich gehe.
Er will *entweder* Medizin **oder** Jura studieren.
(참고) Er liest **weder** Bücher **noch** Zeitungen.
Er hat **sowohl** Geld als **auch** Intelligenz.

Wir bleiben zu Hause, **denn** das Wetter ist schlecht.

Faust wird *nicht* verdammt, **sondern** erlöst.
Faust schließt mit dem Teufel *keinen* Bund, **sondern** eine Wette.
Sie ist **nicht nur** intelligent, **sondern auch** bescheiden.

Je *höher* man steigt, **desto** *kälter* wird die Luft.
Je *schlechter* die Wirtschaftslage ist, **umso** *schneller* steigen die Preise.

2) 종속 접속사

다음의 접속사로 시작되는 종속문에서 동사는 모두 후치된다.

dass, wenn, als, ob, weil, da, wie, obwohl, obgleich
während, solange, bevor, nachdem, bis, seit(dem), indem

① dass-절
Ich bin froh, **dass** du endlich gekommen bist.
Es ist nicht möglich, **dass** er heute noch kommt.
Ich bin der Meinung, **dass** die Verwaltung dringend der Reform bedarf.

Es war **so** kalt, **dass** die Tiere im Wald erfroren.
Ich stieß die Kellnerin an, **so dass** sie die Suppe verschüttete.
Er ist **zu** klug, **als dass** er eine solche Dummheit beginge.

② 조건을 나타내는 부문장
Ich bringe das Buch, **wenn** ich morgen vorbeikomme.
Jedesmal, **wenn** ich komme, bist du nicht zu Hause.

③ 이유를 나타내는 부문장
Er konnte nicht kommen, **weil** er krank war.
Da ich verreist war, konnte ich Sie nicht besuchen.
Er nimmt die Einladung gerne an, **zumal** er allein ist.

④ 시간을 나타내는 부문장
Als er das Feuer bemerkte, rannte er sofort zur Tür.
Kaum hatte er sich umgezogen, **als** der Besuch eintraf.
Während sie verreist waren, wurde es bei ihnen eingebrochen.

Bevor wir reisen, müssen wir noch viel erledigen.
Ich sprach mit ihm, kurz **bevor** er starb.

Ich will die Sache erledigen, **solange** ich noch Urlaub habe.
Solange er sein Bestes tut, bin ich zufrieden.

Nachdem ich gegessen hatte, legte ich mich hin.
Nachdem er gefrühstückt hat, beginnt er zu arbeiten.

Seit/Seitdem er sein Haus verkauft hat, wohnt er in einem Hotel.
Seit er in dem Hotel wohnt, hat er eine Erkältung.

Bis er mich aus Berlin anruft, bleibe ich im Büro.

⑤ 목적을 나타내는 부문장
Schreib dir meine Adresse auf, **damit** du es nicht wieder vergisst!
Er entfernte sich leise, (**auf**) **dass** niemand ihn sehe.

⑥ 양보 구문
Obwohl/Obgleich er mein Bruder ist, kann ich nichts für ihn tun.
Wenn es **auch** anstrengend war, hat es doch Spaß gemacht.
Ich könnte es nicht, **selbst / auch wenn** ich wollte.
Wer er **auch** ist, kann ich nichts für ihn tun.

2. 선행사가 포함된 관계문

Wer unter euch ohne Sünde ist, (*der*) werfe den ersten Stein auf sie.
Wessen Herz für die Freiheit schlägt, *den* nenne ich einen edlen Mann.
Wem dieser Anzug passt, *dem* möchte ich ihn schenken.
Wen man liebt, *den* möchte man nicht verlieren.
Wer immer strebend sich bemüht, *den* können wir erlösen.

Was schön ist, (*das*) dauert nicht lange.
Was Faust durch sein Studium nicht erreichte, (*das*) versucht er durch Magie zu erzwingen.

Übungen

1. 두 문장을 보기와 같이 하나의 문장으로 연결하시오.

> Ich hörte das. Ich musste weinen.
> → *Als ich das hörte, musste ich weinen.*

1) Ich studierte in Berlin. Ich wohnte bei einer alten Frau.

→ ____

2) Ich mietete ein Zimmer bei ihr. Sie war freundlich.

→ ____

3) Einmal kam ich nachts nicht nach Haus. Sie rief die Polizei an.

→ ____

4) Ich machte mein Examen. Ich musste viel zu Hause arbeiten.

→ ____

5) Nach dem Studium ging ich nach Hamburg. Die Frau zog in ein Altenheim.

→ ____

2. 다음 빈 곳에 als, wenn, wann 중의 하나를 골라 넣으시오.

1) Immer wieder, _________ ich an den Witz denke, muss ich lachen.

2) _________ du geboren wurdest, lag überall dicker Schnee.

3) Er war schon tot, _________ der Krankenwagen endlich ankam.

4) Weißt du, ___________ er Geburtstag hat?

5) Er freute sich immer sehr, _________ sie einen Nachmittag zusammen verbringen konnten.

3. 다음 빈 곳에 적합한 접속사를 골라 넣으시오.

> dass, aber, denn, sondern, wenn, weil, ob, als, solange

1) Es irrt der Mensch, _________ er strebt.

2) Warum kommst du nicht mit? - _________ ich keine Lust habe.

3) Wann machst du das? - ___________ ich Zeit habe.

4) Es ist schön, __________ du Zeit hast.

5) Ich weiß nicht, _________ sie mich liebt.

6) _________ ich jung war, war alles anders.

7) Ich gehe nicht ins Kino, _________ ich habe kein Geld.

8) Ich möchte ins Kino, __________ ich habe kein Geld.

9) Er kommt nicht um fünf, _________ erst um sechs nach Hause.

4. Friedenspolitik in unserer Zeit

Willy Brandt

Der Krieg darf kein Mittel der Politik sein. Es geht darum, Kriege abzuschaffen, nicht nur, sie zu begrenzen. Kein nationales Interesse lässt sich heute noch von der Gesamtverantwortung für den Frieden trennen. Jede Außenpolitik muss dieser Einsicht dienen. Als Mittel einer europäischen und weltweiten Sicherheitspolitik hat sie Spannungen abzubauen und die Kommunikation über die Grenzen hinweg zu fördern. Wie man dem Krieg wehren kann, ist eine Frage, die zur europäischen Tradition gehört — Europa hat stets Grund genug gehabt, danach zu fragen. Unsere ethischen und sozialen Begriffe sind durch zwei Jahrtausende Christentum beeinflusst. Und das heißt immer wieder neue Versuche und Anstrengungen, um zum Frieden auch auf dieser Welt zu gelangen.

Unsere zweite Quelle ist der Humanismus und die mit ihm verbundene klassische Philosophie. Immanuel Kant verband seine Idee eines Staatenbundes mit einer uns

---

*Willy Brandt (1913~1992): 동방정책(Ostpolitik)으로 동 · 서 냉전체제의 긴장완화를 주도한 전 서독 수상. 1971년 노벨 평화상 수상.

Heutigen sehr deutlichen Fragestellung: Die Menschen werden eines Tages vor der Wahl stehen, entweder sich zu vereinigen unter einem wahren Recht der Völker, oder aber ihre ganze in Jahrtausenden aufgebaute Zivilisation mit ein paar Fehlern wieder zu zerstören; und so wird die Not sie zu dem zwingen, was sie besser längst aus freier Vernunft getan hätten.

Eine dritte starke Quelle ist gesellschaftliche Gerechtigkeit im eigenen Staat und darüber hinaus. Und mit ihrer Forderung, dass die Gesetze der Moral nicht nur zwischen einzelnen Bürgern, sondern auch zwischen Völkern und Staaten gelten sollten.

Friedenspolitik ist eine nüchterne Arbeit. Auch ich versuche, mit allen Mitteln, die ich habe, die Vernunft in meinem Land und in der Welt zu unterstützen: Jene Vernunft, die uns den Frieden befiehlt, weil der Unfriede ein anderes Wort für die extreme Unvernunft geworden ist. (*Rede anlässlich der Friedensnobelpreisverleihung am 11. 12. 1971*)

Strukturen

Es geht darum, Kriege abzuschaffen, nicht nur, sie zu begrenzen.
전쟁을 억제하는 것뿐만 아니라, 없애는 것이 관건이다(중요하다).

Als Mittel einer europäischen und weltweiten Sicherheitspolitik **hat** sie (= jede Außenplotik) Spannungen **abzubauen** und die Kommunikation über die Grenze hinweg **zu fördern**.
유럽적 그리고 범세계적 안보정책의 수단으로서 그것은(= 어떤 외교정책이든) 긴장을 완화하고 국경을 초월하여 의사소통을 촉진해야 한다.

Europa hat stets **Grund genug** gehabt, **danach zu fragen**.
유럽에는 언제나 그 점에 관해 물어야 할 근거가 충분히 있었다.

Unsere ethischen und sozialen Begriffe **sind** durch zwei Jahrtausende Christentum **beeinflusst**.
우리의 윤리적 · 사회적 개념들은 2000년의 역사를 지닌 기독교의 영향을 받았다.

Und das heißt immer wieder neue Versuche und Anstrengungen, **um** zum Frieden auch auf dieser Welt **zu gelangen**.

그리고 그것은 늘 이 세상에서도 평화에 이르기 위한 새로운 시도와 노력을 뜻한다.

Unsere zweite Quelle ist der Humanismus und die **mit ihm verbundene** klassische Philosophie.
우리의 두 번째 근원은 휴머니즘 및 그것과 결부된 고전철학이다.

Auch ich **versuche**, mit allen Mitteln, die ich habe, die Vernunft in meinem Land und in der Welt **zu unterstützen**.
나도 내가 가진 모든 수단을 동원해서 내 나라와 세계에서 이성을 지지하려 한다.

Grammatik

zu-부정사(Infinitiv)

1. 기본 용법

Willy Brandt *versuchte*, Friedenspolitik **zu betreiben**.
Er *versuchte*, die Vernunft in seinem Land **zu unterstützen**.
Die Ostpolitik war ein *Mittel*, eine weltweite Sicherheitspolitik **zu betreiben**.
Es war *notwendig*, Ländern der Dritten Welt **zu helfen**.
Es geht *darum*, die Armut und den Krieg **abzuschaffen**.
Ich halte es für *vernünftig*, den Frieden **zu fördern**.
Europa hat Grund *genug*, danach **zu fragen**.
Es freut mich, Sie hier begrüßen **zu dürfen**.
Es freut mich, Sie **kennen zu lernen**.
Es freut mich, mit Ihnen **zusammenzuarbeiten**.
Ich *hoffe*, dich bald **wiederzusehen**.

2. 주요 구문

Er geht ins Ausland, **um** dort **zu studieren**.
Er fährt sofort ab, **ohne** lange **zu überlegen**.
Er studiert weiter, (**an**)**statt** Geld **zu verdienen**.
Er hat **genug** Geld, **um** eine Weltreise **zu machen**.

Er ist **zu** jung, **um** alles **zu verstehen**.

Er ging in die Bibliothek, **um** sie nach kurzer Zeit wieder **zu verlassen**.

3. zu-Infinitiv와 결합하여 쓰이는 주요 동사

Du **brauchst** nur **anzurufen**, und ich komme sofort.

Er **scheint** mir ein netter Mann **zu sein**.

Er **versteht** mit den Kindern **umzugehen**.

Er **weiß** sich nicht **zu helfen**.

Endlich **kommen** wir auf dieses Thema **zu sprechen**.

Es **gibt** hier wenig **zu trinken**.

Das **hat mit** dieser Sache **nichts/viel/wenig zu tun**.

4. haben, sein 동사와 함께 쓰이는 zu-Infinitiv

Die Außenpolitik **hat** Spannungen **abzubauen**.

= Die Außenplitik *muss* Spannungen *abbauen*.

Die Reisenden **haben** an der Grenze ihre Pässe **vorzuzeigen**.

= Die Reisenden *müssen* an der Grenze ihre Pässe *vorzeigen*.

Die Aufgabe **ist** nicht leicht **zu lösen**.

= Die Aufgabe *kann* nicht leicht *gelöst werden*.

= Man *kann* die Aufgabe nicht leicht *lösen*.

= Die Aufgabe *lässt* sich nicht leicht *lösen*.

= Das ist eine nicht leicht *zu lösende* Aufgabe.

= Das ist eine Aufgabe, die nicht leicht *zu lösen* ist.

5. zu-Infinitiv와 dass(damit) 문장

Ich freue mich, Sie kennen **zu** lernen.

→ Ich freue mich, **dass** ich Sie kennen lerne.

Ich empfehle dir, nach Deutschland **zu** gehen.

→ Ich empfehle dir, **dass** du nach Deutschland gehst.

Es freut Inge, die Prüfung bestanden **zu** haben.

→ Es freut Inge, **dass** sie die Prüfung bestanden hat.

Sie geht ins Ausland, **um** dort **zu** studieren.

→ Sie geht ins Ausland, **damit** sie dort studiert.

Er ist **zu** vernünftig, **um** eine solche Dummheit **zu** begehen.

→ Er ist **zu** vernünftig, **als dass** er eine solche Dummheit begehen könnte.

Er hat **genug** Geld, **um** eine Weltreise **zu** machen.

→ Er hat **genug** Geld, (so) **dass** er eine Weltreise machen kann.

Übungen

1. 다음의 문장을 'zu-부정형'의 문장으로 고치시오.

1) Es ist notwendig, dass wir den armen Leuten helfen.

→ ______________________________

2) Es ist notwendig für ihn, dass er einen Pass bekommt.

→ ______________________________

3) Dass ich mein Studium bald abschließe, ist wichtig für mich.

→ ______________________________

4) Er verzichtet darauf, dass er ins Ausland kommt.

→ ______________________________

5) Er ging ins Ausland, ohne dass er sich lange überlegte.

→ ______________________________

2. 다음의 문장들을 보기와 같이 고치시오.

Der Vortrag ist leicht zu verstehen.

→ Der Vortrag lässt sich leicht verstehen.

→ Der Vortrag kann leicht verstanden werden.

→ Den Vortrag kann man leicht verstehen.

1) Kein nationales Interesse ist heute von der Verantwortung für den Frieden zu trennen.

→ ______________________________

→ ______________________________

→ ______________________________

2) Die Tür ist nicht zu öffnen.

→ ______________________________

→ ______________________________

→ ______________________________

5. Die Verantwortlichkeit des Wissenschaftlers

Karl Popper

Gibt es überhaupt eine besondere Verantwortung des Wissenschaftlers? Jedermann trägt dort eine besondere Verantwortung, wo er entweder über besondere Macht oder über besonderes Wissen verfügt. Nur die Wissenschaftler können die Folgen ihrer eigenen Leistungen abschätzen. Nichtfachleute wissen dazu nicht genug. Dies gilt für die Entwicklung neuer Chemikalien zur Erhöhung der Ernte wie für die Herstellung neuer Waffen. Gerade, wie es in früheren Zeiten «noblesse oblige» hieß, so muss es heute «sagesse oblige» heißen.

Nur Wissenschaftler können z. B. die Gefahren des Bevölkerungswachstums voraussehen oder die des zunehmenden Verbrauchs von Erdölprodukten oder die der für friedliche Zwecke verwendeten Atomenergie, weil immer mehr Atommüll sich häuft. Wissen sie auch genug darüber? Sind sie sich namentlich der Größe ihrer Verantwortung bewusst? Einige unter ihnen zeigen sich der Aufgabe gewachsen, andere nicht. Manche sind wohl zu sehr mit konkreten Aufgaben beschäftigt; andere denken nicht genügend

*Karl Popper (1902~1994): 오스트리아 출신의 사회철학자.

über ihre Arbeit nach. Aus diesem oder jenem Grund scheint es niemand als seine Aufgabe zu betrachten, sich zum Beispiel um die ungewollten Auswirkungen der bedenkenlos geförderten technischen Entwicklung zu kümmern. Die Möglichkeiten der praktischen Anwendung naturwissenschaftlicher Kenntnisse sind faszinierend. Schon viele Leute haben daran gezweifelt, ob uns der Fortschritt in allen Fällen wirklich glücklicher macht. Nur wenige halten es doch für ihre Pflicht, herauszufinden, wie viele vermeidbare neue Leiden der Fortschritt mit sich bringt.

Der Wissenschaftler muss nun einmal seine Wissenschaft irgendwie anwenden und kann das nicht mehr ändern. Dann sollte er darin seine besondere Pflicht sehen, die ungewollten Folgen seiner Tätigkeit so weit wie möglich vorauszusehen. Dann kann er, bevor es zu spät ist, jene ungewollten Folgen vermeiden.

Strukturen

Nichtfachleute wissen **dazu nicht genug**. (= Nichtfachleute wissen **nicht genug**, **um** die Folgen ihrer eigenen Leistungen ab**zu**schätzen.) 비전문가들은 그럴 수 있을 만큼(= 그들 자신의 성과가 가져올 결과를 평가할 수 있을 만큼) 충분히 알지 못한다.

Dies **gilt für** die Entwicklung neuer Chemikalien zur Erhöhung der Ernte wie für die Herstellung neuer Waffen. 이것은 곡물 수확량을 높이기 위해 새로운 화학약품을 개발하거나 신무기를 제조하는 데도 똑같이 해당된다.

Gerade, wie es in früheren Zeiten «noblesse oblige» hieß, **so** muss es heute «sagesse oblige» heißen. 예전에는 신분이 높을수록 더 큰 책임이 따른다고 했다면, 그것과 꼭 마찬가지로 오늘날에는 아는 것이 많을수록 더 큰 책임이 따른다고 해야 할 것이다.

die (= die Gefahren) des **zunehmenden** Verbrauchs von Erdölprodukten oder die der für friedliche Zwecke **verwendeten** Atomenergie 석유제품 사용의 증대로 인한 위험들이나 혹은 평화적 목적을 위해 사용되는 핵에너지가 초래할 위험들

weil **immer mehr** Atommüll sich häuft (= wegen des sich immer mehr häufenden Atommülls) 핵폐기물이 점점 더 많이 쌓여가기 때문에

Sind sie **sich** namentlich der Größe ihrer Verantwortung **bewusst**?
(= Wissen sie namentlich die Größe ihrer Verantwortung?)
그들(= 과학자들)은 특히 자신의 책임이 얼마나 막중한지 깨닫고 있는가?

Einige unter ihnen zeigen **sich** der Aufgabe **gewachsen**, andere nicht.
그들(= 과학자들) 중 어떤 사람들은 자신의 과제를 감당할 만큼 성숙한 듯이 보이지만, 또 어떤 사람들은 그렇지 않다.

Manche **sind** wohl zu sehr **mit** konkreten Aufgaben **beschäftigt**.
(= Manche beschäftigen sich wohl zu sehr mit konkreten Aufgaben.)
상당수의 사람들은 너무나도 구체적인 과제들에만 몰두한다.

Aus diesem oder jenem Grund **scheint** es niemand als seine Aufgabe **zu betrachten**, **sich** zum Beispiel **um** die ungewollten Auswirkungen der bedenkenlos geförderten technischen Entwicklung **zu kümmern**. 이런저런 이유 때문에, 아무도 예컨대 무분별하게 추진된 기술발전이 초래한 원하지 않던 여파들을 걱정하는 일을 자신의 과제로 여기지 않는 것으로 보인다.

Schon viele Leute haben daran gezweifelt, **ob** uns der Fortschritt in allen Fällen wirklich glücklicher macht. 이미 많은 사람들은 과연 진보가 무조건 우리를 더 행복하게 만들어 줄 것인지 의심해 왔다.

Nur wenige halten **es** doch für ihre Pflicht, **herauszufinden**, **wie** viele vermeidbare neue Leiden der Fortschritt mit sich bringt. 오직 극소수의 사람들만이, 진보가 얼마나 많은 피할 수도 있는 새로운 고통을 초래하는가를 찾아내는 일을 그들 자신의 책무로 삼고 있다.

Dann sollte er **darin** seine besondere Pflicht sehen, die ungewollten Folgen seiner Tätigkeit so weit wie möglich **vorauszusehen**. 그렇다면 그(= 과학자)는 자신의 활동이 초래한 뜻하지 않은 결과들을 최대한 멀리까지 예견하는 일을 자신의 특별한 책무들 가운데 하나로 삼아야 할 것이다.

Dann kann er, **bevor** es zu spät ist, jene ungewollten Folgen vermeiden.
그럴 때 비로소 그(= 과학자)는, 너무 늦기 전에, 뜻하지 않은 결과들을 피할 수 있을 것이다.

Grammatik

1. 분사구문

1) 분사의 기본 형태 및 용법

분사에는 현재분사와 과거분사가 있으며, 현재분사는 동사의 기본형에 어미 -d를 붙이고 과거분사는 동사의 과거분사형을 그대로 사용한다. 현재분사는 현재진행형의 동작을 가리켜서 "…하는", "…하고 있는"의 뜻으로 해석되고, 과거분사는 동작의 완료 혹은 수동의 뜻을 지녀서 "…한", "…된"으로 해석된다.

현재분사: 동사의 기본형 + d

Lachend sagt er zu mir.
Sie erzählt mit *lachendem* Gesicht.

과거분사: ge … t / ge …(e)n

Er hörte *angespannt* zu.
Er hörte mit *angespannter* Aufmerksamkeit zu.

2) 형용사적 용법

① 형용사
Die Möglichkeiten der praktischen Anwendung naturwissenschaftlicher Kenntnisse sind *faszinierend.*

das *kochende* Wasser　　das *kommende* Jahrhundert
der *gehasste* Feind　　mein *verlorener* Traum

② 분사의 명사형

der *Sterbende*　　die *Streikenden*　　der *Gehasste*
das *Hervorragende*　　die *Arbeitsuchenden*　　*Tiefgefrorenes*

③ 부사적 용법

Er spricht *fließend* Deutsch.

Er hat die Sache *überraschend* schnell erledigt.

④ 수동적 의미의 당위 또는 가능성을 나타내는 용법

die noch nicht *zu leistende* Arbeit

= die Arbeit, die noch nicht *zu leisten ist*

ein *Auszubildender* = einer, der *auszubilden ist*

3) 분사구문의 확장

① 관계문의 축약

der *sich häufende* Atommüll

(= der Atommüll, der sich *häuft*,)

die für friedliche Zwecke *verwendete* Atomenergie

(= die Atomenergie, die für friedliche Zwecke *verwendet wird*,)

die bedenkenlos *geförderte* technische Entwicklung

(= die technische Entwicklung, die bedenkenlos *gefördert wird*,)

② 부문장의 축약

Auf dem Bahnhof *angekommen*, fand ich viele Freunde.

(= *Als* ich auf dem Bahnhof *ankam/angekommen war*, ...)

Von der Tagesarbeit *ermüdet*, kann ich nichts mehr tun.

(= *Weil* ich von der Tagesarbeit *ermüdet bin*, ...)

Es ereignete sich alles so, wie *vorausgesagt*.

(= *wie* man *voraussagte*.)

③ 독립 분사구문

näher *betrachtet* — streng/genau *genommen*

unter uns *gesagt* — *angenommen*, dass ...

Offen *gesagt*, ich kann dir nicht zutrauen.

2. 관계부사 wo

관계부사는 wo는 원래 '장소'를 가리키는 용법으로 쓰이지만, 경우에 따라서는 '조건'이나 '상황' 혹은 '시간'을 가리키는 용법으로 쓰이기도 한다.

1) 장소를 가리키는 용법

Bleib, **wo** du bist!
Dort beginnt die Straße, **wo** ich wohne.
Ich kenne die Stelle, **wo** der Unfall passiert ist.

2) 상황 및 조건을 나타내는 용법

Jedermann trägt **dort** eine besondere Verantwortung, **wo** er entweder über besondere Macht oder über besonderes Wissen verfügt.
= Jedermann trägt (**erst**) **dann** eine besondere Verantwortung, **wenn** er entweder über besondere Macht oder über besonderes Wissen verfügt. 사람은 누구나 자기가 특별한 권력을 행사할 수 있거나 아니면 특별한 지식을 구사할 수 있을 때 비로소 특별한 책임을 지게 된다.

3) 시간을 나타내는 용법(드물게)

im Mai, **wo** (= **da**) die Rosen blühen
in dem Augenblick, **wo** (= **da**) er mich sah

3. 사람을 가리키는 부정(不定)대명사

Man sollte seinen Freunden helfen. Ich habe **niemand** gesehen.
Jemand hat seine Tasche vergessen. **Einige** mussten sterben.
Das ist nicht **jedermanns** Sache.
Manche trinken Tee, **andere** lieber Kaffee.
Das wissen nur **wenige**.

Übungen

1. 다음 빈 곳에 적합한 분사 형태를 넣으시오.

1) ein ___________ (führen) Politiker

2) der ___________ (verhaften) Mörder

3) das von Heine ___________ (schildern) Deutschland

4) Sie spricht Deutsch ___________ (fließen).

5) Die Frau grüsste mich ___________ (lächeln).

6) Man kann dort nur ___________ (vorübergehen) wohnen.

7) Das Fenster ist ___________ (öffnen/schließen).

8) Sie hat das Buch ___________ (schenken) bekommen.

9) Er spricht mit einem ___________ (reisen).

10) Offen ___________ (sagen), ich habe ihn nicht gern.

2. 다음의 관계문들을 분사구문을 사용하여 축약하시오.

1) die Brücke, die zum Bahnhof führt, …

→ ____

2) der Mann, der mich lobt, …

→ ____

3) die Landschaft, die von einem Maler geschildert ist, …

→ ____

6. Die Anfänge der Psychoanalyse

Sigmund Freud

In den neunziger Jahren arbeiteten an einer Wiener Klinik für Geisteskranke zwei junge Ärzte, Dr. Josef Breuer und Dr. Sigmund Freud. Wir verdanken der Zusammenarbeit dieser beiden bedeutenden Männer die Anfänge der Psychoanalyse. Dr. Breuer hatte nämlich eine Patientin, deren Krankheitssymptome wichen, wenn sie in der Hypnose frei und ungehemmt sprechen konnte. Sie selbst nannte dies ihre «talking cure», denn ein Symptom ihrer Geistesstörung war, dass sie während ihrer Krankheit nur Englisch sprach.

Eines Tages nun, so berichtet Dr. Breuer, sei etwas sehr Eigentümliches geschehen. Die Patientin habe sechs Wochen lang nichts trinken können, obwohl der Sommer sehr heiß gewesen war. Sie habe daher furchtbar unter Durst gelitten, den sie nur mit Früchten und besonders mit Melonen habe löschen können. Wenn ihr ein Glas Wasser angeboten worden sei, habe sie es heftig weggestoßen.

---

*Sigmund Freud (1856~1939): 오스트리아의 심리학자로 현대 정신분석학의 개척자. *Vorlesungen zur Einführung in die Psychoanalyse* (1917), *Das Unbehagen an der Kultur* (1930) 등의 저서가 있음.

Dr. Breuer hypnotisierte sie, und in der Hypnose erzählte sie, sie teile ein Zimmer mit einer Engländerin, gegen die sie eine tiefe Abneigung fühle. Diese Engländerin besitze einen Hund, der ihr genau so unangenehm sei wie seine Herrin. Sie sei nämlich eines Tages ins Zimmer gekommen und habe gesehen, wie dieser Hund auf den Tisch gesprungen sei und aus einem Glas getrunken habe. Aus Höflichkeit habe sie aber der Engländerin von dem Vorfall geschwiegen. Erst in der Hypnose sprach sie nun ohne Hemmung darüber und verlangte dabei etwas zu trinken. Man goss ihr Wasser in ein Glas und sie wachte mit dem Glas am Mund auf. Ihre «talking cure» hatte ihr wieder geholfen.

Aus diesen und ähnlichen Fällen entwickelte Freud seine Theorie des Unbewussten. Er bewies, dass viele Störungen und andere psychische Symptome durch irgendein frühes Erlebnis verursacht seien, das der Patient verdrängt habe und das nun im Unterbewusstsein weiterlebe. Es sei die Aufgabe des Arztes, behauptete er, durch psychoanalytische Behandlung ein solches Erlebnis ins Bewusstsein zurückzurufen und den Patienten dadurch von seiner Hemmung zu befreien.

Strukturen

Wir **verdanken** der Zusammenarbeit dieser beiden bedeutenden Männer die Anfänge der Psychoanalyse. 정신분석이 시작된 것은 이 중요한 두 사람의 공동작업 덕택이다.

deren Krankheitssymptome wichen, **wenn** sie in der Hypnose frei und ungehemmt sprechen konnte. 최면상태에서 자유롭게 아무 거리낌없이 말할 수 있을 때면 그녀의 증세가 가라앉았다.

denn ein Symptom ihrer Geistesstörung war, **dass** sie während ihrer Krankheit nur Englisch sprach. 그녀가 병을 앓는 동안에는 영어로만 말하는 것이 그녀의 정신질환을 나타내는 증상의 하나였기 때문이다.

Die Patientin habe sechs Wochen lang nichts trinken können, **obwohl** der Sommer sehr heiß gewesen war. 여름이 매우 무더웠음에도 불구하고 그 여성 환자는 6주 동안이나 아무것도 마실 수 없었다고 한다.

Sie habe daher furchtbar unter Durst gelitten, **den** sie nur mit Früchten und besonders mit Melonen habe löschen können. 그래서 그녀는 갈증 때문에 굉장히 고생을 했는데, 그녀는 과일, 특히 멜론으로만 갈증을 해소할 수 있었다고 한다.

Wenn ihr ein Glas Wasser angeboten worden sei, habe sie es heftig weggestoßen.
그녀에게 물을 한 잔 권하면 그녀는 격렬하게 뿌리쳤다고 한다.

in der Hypnose erzählte sie, sie **teile** ein Zimmer mit einer Engländerin (= **dass** sie ein Zimmer mit einer Engländerin **teile**)
최면상태에서 그녀는 어떤 영국 여성과 함께 방을 쓴다고 이야기하였다.

Diese Engländerin besitze einen Hund, der ihr **genauso** unangenehm sei **wie** seine Herrin.
이 영국 여성은 개를 한 마리 데리고 있는데, 그 개가 그녀에겐 개주인 여자와 똑같이 혐오스럽다는 것이었다.

Sie sei nämlich eines Tages ins Zimmer gekommen und habe gesehen, **wie** (= dass) dieser Hund auf den Tisch gesprungen sei und aus einem Glas getrunken habe. 그러니까 그녀는 어느날 방 안에 들어와서, 이 개가 식탁 위로 뛰어올라 물컵의 물을 마시는 것을 보았다는 것이다.

Erst in der Hypnose sprach sie nun ohne Hemmung darüber und **verlangte** dabei etwas **zu trinken**.
최면상태에서야 비로소 그녀는 아무런 압박감 없이 그런 것에 관해 이야기했고, 그러면서 뭔가 마실 것을 달라고 요구했다.

Er bewies, dass viele Störungen und andere psychische Symptome **durch** irgendein frühes Erlebnis **verursacht** seien. 그는 많은 정신장애와 여타의 심리적 증상들이 과거에 겪은 모종의 체험을 통해 야기되었음을 입증하였다.

Es sei die Aufgabe des Arztes, behauptete er, durch psychoanalytische Behandlung ein solches Erlebnis ins Bewusstsein zurückzurufen und den Patienten **dadurch** von seiner Hemmung zu befreien. 의사의 과제는 정신분석 요법을 통하여 그러한 체험을 의식으로 되불러 내고, 그렇게 함으로써 환자를 압박감에서 벗어나게 해 주는 것이라고 그는 주장했다.

Grammatik

1. 접속법 I식

1) 접속법 I식의 인칭변화

	sagen	**gehen**	**sehen**	**können**	**sein**	**haben**
ich	sag**e**	geh**e**	seh**e**	**könne**	**sei**	hab**e**
du	sag**est**	geh**est**	seh**est**	könn**est**	**seiest**	hab**est**
er	sag**e**	geh**e**	seh**e**	könn**e**	**sei**	**habe**
wir	sag**en**	geh**en**	seh**en**	könn**en**	**seien**	hab**en**
ihr	sag**et**	geh**et**	seh**et**	könn**et**	**seiet**	hab**et**
sie	sag**en**	geh**en**	seh**en**	könn**en**	**seien**	hab**en**

2) 접속법 I식의 용법

① 간접화법

Er sagt: «Ich bin krank.»

→ Er sagt, dass er krank **sei**.

Er sagt: «Ich war krank.»

«Ich bin krank gewesen.»

«Ich war krank gewesen.»

→ Er sagt, dass er krank **gewesen sei**.

Er sagte: «Ich bin krank.»

→ Er sagte, dass er krank **sei**.

Er sagte: «Ich war krank.»

«Ich bin krank gewesen.»

«Ich war krank gewesen.»

→ Er sagte, dass er krank **gewesen sei**.

Er sagt: «Ich weiß alles.»
→ Er sagt, dass er alles **wisse**.

Er sagt: «Ich wusste alles.»
«Ich habe alles gewusst.»
«Ich hatte alles gewusst.»
→ Er sagt, dass er alles **gewusst habe**.

※ 인칭대명사의 변화에 주의
Er sagte, dass *er* zu Hause **geblieben sei**.
Monika fragte Peter, **ob** *er* einen Brief **geschrieben habe**.
Er fragte mich, **welche** Partei *ich* **wählen wolle**.
Er fragt mich, **was** *ich* heute **vorhabe**.
Sie sagte zu Fritz, dass *er* sofort **kommen solle/müsse**.

② 기원, 요구, 간접명령
Es **lebe** die Freiheit!
Lang **lebe** der König!
Die Gnade Gottes **sei** mit euch!
Von dieser Medizin **nehme** man täglich dreimal drei Tropfen!
In diesem Fall **wende** man sich an die zuständige Behörde.
Er **möge** sofort zu mir kommen! (= **Möge** er sofort zu mir kommen!)

③ 그 밖의 용법
Das Prinzip ist das gleiche, **sei es** in der Luft, **sei es** im Wasser.
Alle spüren die Auswirkungen der Krise, **seien es** arme **oder** reiche Länder.

2. 주의할 동사 어순

Sie sagt, sie **könne** den Durst nur mit Früchten **löschen**.
Sie sagt, **dass** sie den Durst nur mit Früchten **löschen könne**.

Sie sagt, sie **habe** den Durst nur mit Früchten **löschen können**.
Sie sagt, **dass** sie den Durst nur mit Früchten ***habe*** **löschen können**.

3. 전치사와 관계대명사의 결합

Sie teilt ein Zimmer mit einer Engländerin, **gegen die** sie eine tiefe Abneigung fühlt.
Sie teilt ein Zimmer mit einer Engländerin, **von der** sie wenig weiß.
Sie teilt ein Zimmer mit einer Engländerin, **mit der** sie zusammen arbeitet.

Übungen

1. 보기와 같이 간접화법으로 고치시오.

«Die Patientin kann nicht trinken.»
→ *Er sagt, die Patientin könne nicht trinken.*

1) «Man gießt Wasser in ein Glas.»
→ ______________________________

2) «Der Arzt bietet ihr ein Glas Wasser an.»
→ ______________________________

3) «Die Patientin stößt es weg.»
→ ______________________________

4) «Der Arzt muss das Symptom untersuchen.»
→ ______________________________

5) «Sie teilte ihr Zimmer mit einer Engländerin.»
→ ______________________________

6) «Die Engländerin besaß einen Hund.»
→ ______________________________

7) «Der Hund trank aus dem Glas.»
→ ______________________________

8) «Sie schwieg darüber aus Höflichkeit.»
→ ______________________________

2. 보기와 같이 간접화법으로 고치시오.

«Ich fahre diesen Sommer nach Wien.»
→ *Er sagte, er fahre diesen Sommer nach Wien.*

1) «Ich habe Geld genug.»

→ ______________________________

2) «Ich kann den Arzt bezahlen.»

→ ______________________________

3) «Man muss mit den Damen immer höflich sein.»

→ ______________________________

4) «Ich muss lange warten.»

→ ______________________________

5) «Ich blieb ein halbes Jahr in Wien.»

→ ______________________________

6) «Ich wusste es nicht.»

→ ______________________________

7. Gentechnik — Hoffnung oder Bedrohung?

Voraussichtlich leben in der Mitte dieses Jahrhunderts zehn Milliarden Menschen auf der Erde — doppelt so viele wie heute. Um sie zu versorgen, muss sich die Landwirtschaft grundsätzlich verändern. Die Anbauflächen immer weiter zu vergrößern, wäre zu gefährlich, denn die tropischen Wälder würden dann endgültig verschwinden, und riesige Gebiete wären bald Steppe und Wüste.

Was wir also brauchen, sind nicht größere Anbauflächen, sondern Pflanzen, die erstens mehr Nahrung und wertvolle Rohstoffe liefern, zweitens mit weniger Dünger auskommen, drittens Ungeziefer und Trockenheit leichter widerstehen, und viertens Licht und Wasser besser ausnutzen. Mit der «normalen» Pflanzenzüchtung ist dieses Ziel nicht zu erreichen, vielleicht jedoch mit den Methoden der Gentechnik.

Mit ihrer Hilfe gelang es bereits, Aprikosen und Kartoffeln zu «verbessern» und Erdbeersorten zu entwickeln, die Kälte besser ertragen. Im Prinzip kann man mit der Gentechnik Pflanzen und Tiere «konstruieren», die es in der Natur gar nicht gibt. Die Gentechnik, so sagen ihre Anhänger, ist billig, sicher und umweltfreundlich. Sie kann viele unserer Probleme lösen, indem sie Pflanzen schafft, die sich selber vor Krankheiten und Ungeziefer schützen, eine größere Ernte liefern und ihren Dünger selbst produzieren.

Viele Menschen lehnen die Gentechnik jedoch ab. Sie fürchten, die Natur würde am Ende von Lebewesen aus dem Labor beherrscht und zerstört. Krankheitserreger könnten (gewollt oder ungewollt) erzeugt werden und sich unkontrolliert ausbreiten; und eines Tages würde man wohl sogar mit dem Menschen experimentieren. Gentechnik ist deshalb für viele ihrer Gegner ein Synonym für den verantwortungslosen Umgang mit der Natur, für einen verbotenen Eingriff in die Evolution oder in die Schöpfung Gottes.

Strukturen

doppelt **so** viele (Menschen) **wie** heute 오늘날보다 두 배로 많은 (사람들)

Um sie **zu versorgen**, wird sich die Landwirtschaft grundsätzlich verändern müssen.
그들을 먹여 살리기 위해서는 농업이 근본적으로 변화되어야만 할 것이다.

Die Anbauflächen immer weiter **zu vergrößern**, wäre zu gefährlich, **denn** die tropischen Wälder würden dann endgültig verschwinden. 경작지를 점점 더 넓게 확장하는 것은 너무나 위험한 일일 것이다. 왜냐하면 그렇게 되면 열대림은 마침내 사라져 버릴 것이기 때문이다.

Was wir also brauchen, sind **nicht** größere Anbauflächen, **sondern** Pflanzen, die (…).
그러니까 우리가 필요로 하는 것은 더 큰 경작지가 아니라 …한 식물이다.

Mit ihrer Hilfe **gelang** es bereits, Aprikosen und Kartoffeln zu **«verbessern»** und Erdbeersorten **zu entwickeln**, die Kälte besser ertragen. 유전공학의 방법들 덕분에 이미 살구와 감자를 '개량'하고 또 추위에 더 잘 견디는 딸기류를 개발하는 데 성공했다.

Im Prinzip kann man mit der Gentechnik Pflanzen und Tiere «konstruieren», die **es** in der Natur gar nicht **gibt**. 자연 속에 존재하지도 않는 식물과 동물들이 원칙적으로는 생명공학에 의해 '합성'될 수 있다.

Sie kann viele unserer Probleme lösen, **indem** sie Pflanzen schafft, die sich selber vor Krankheiten und Ungeziefer schützen. 생명공학은 질병이나 해충으로부터 자신을 보호하는 식물들을 만들어 냄으로써 우리가 안고 있는 문제들 중 많은 부분을 해결할 수 있다.

Sie fürchten, die Natur **würde** am Ende **von** Lebewesen aus dem Labor **beherrscht und zerstört**. (= Sie fürchten, dass die Natur am Ende **von** Lebewesen aus dem Labor **beherrscht und zerstört würde**.) 그들은 자연이 마침내는 실험실에서 만들어진 생물들에 의해 지배되고 파괴되지 않을까 두려워한다.

Grammatik

1. 접속법 II식

1) 접속법 II식의 인칭변화

	sagen	**gehen**	**können**	**sein**	**haben**	**werden**
ich	sagte	ging**e**	k**ö**nnte	w**ä**re	h**ä**tte	w**ü**rde
du	sagtest	ging**e**st	k**ö**nntest	w**ä**rest	h**ä**ttest	w**ü**rdest
er	sagte	ging**e**	k**ö**nnte	w**ä**re	h**ä**tte	w**ü**rde
wir	sagten	gingen	k**ö**nnten	w**ä**ren	h**ä**tten	w**ü**rden
ihr	sagtet	ging**et**	k**ö**nntet	w**ä**ret	h**ä**ttet	w**ü**rdet
sie	sagten	gingen	k**ö**nnten	w**ä**ren	h**ä**tten	w**ü**rden

※ 볼드체 부분을 과거형 변화와 비교하여 익힌다.

2) 접속법 II식의 용법

① 비현실적 가정 및 소망

Wenn ich Zeit **hätte**, **käme** ich zu dir.

Hätte ich Zeit, **würde** ich zu dir **kommen**.

Wenn ich damals Zeit **gehabt hätte**, **wäre** ich zu dir **gekommen**.

Hätte ich damals Zeit **gehabt**, **würde** ich zu dir **gekommen sein**.

Wenn ich gesund **wäre**! = **Wäre** ich gesund!

Wenn ich Zeit **gehabt hätte**! = **Hätte** ich Zeit **gehabt**!

② als ob, als wenn: 비현실적 비교('마치 …인양')

Er gibt so viel Geld aus, **als ob[wenn]** er ein Millionär **wäre**.

(= **als wäre** er ein Millionär.)

Er tat so, **als ob[wenn]** er mich nicht **verstanden hätte**.

(= **als hätte** er mich nicht **verstanden**.)

③ 겸손한 표현

Ich **möchte** Herrn Schmidt sprechen.

Würden Sie vielleicht gegen 7 Uhr noch mal anrufen?

④ 불확실한 추측, 의혹, 후회의 표현

Niemand **könnte** das glauben.

Am Herzen **läge** es nicht.

Das **hätten** Sie mir sagen müssen.

2. 타동사 + 재귀대명사

타동사가 재귀대명사를 목적어로 취하면 대개 수동의 의미로 쓰인다.

Die Landwirtschaft **verändert sich** grundsätzlich.

= Die Landwirtschaft **wird** grundsätzlich **verändert**.

= Man **verändert** die Landwirtschaft grundsätzlich.

Die Anbauflächen **vergrößern sich** nicht weiter.

= Die Anbauflächen **werden** nicht weiter **vergrößert**.

= Man **vergrößert** die Anbauflächen nicht weiter.

Die Gentechnik **entwickelt sich** unkontrolliert.

= Die Gentechnik **wird** unkontrolliert **entwickelt**.

= Man **entwickelt** die Gentechnik unkontrolliert.

3. 접속사 indem의 용법

1) …함으로써

Er spart viel Geld, **indem** er einen Teil der Arbeit selbst macht.

2) …하면서

Er diktierte einen Brief, **indem** er im Zimmer umherging.

3) …하는 동안에, …하는 사이에

Indem er dies sagte, trat sein Freund ein.

4) …하기 때문에

Ich kann nichts sagen, **indem** ich nichts davon weiß.

Übungen

1. 다음을 괄호 안의 지시대로 고치시오.

1) Er hat keinen Pass, dewegen darf er nicht ins Ausland reisen. (조건문)

→ ______________________________

2) Er hat den Vertrag nicht verstanden, deswegen schloss er ihn nicht ab.(조건문)

→ ______________________________

3) Damals hatte ich keine Zeit.(비현실적 기원문)

→ ______________________________

4) Er ist nicht krank. Aber er sieht so aus.(비현실적 비교문)

→ ______________________________

5) Er war geisteskrank, deswegen hat er den Bürgermeister gefangen genommen.(조건문)

____

2. 다음의 문장을 독일어로 옮기시오.

1) 내가 시간이 있었더라면 너에게 갔을텐데.

2) 그는 마치 백만장자인 듯이 행동한다.
3) 커피를 드시겠습니까?
4) 다시 한 번 전화를 해 주시겠습니까?
5) 너는 떠나지 말았어야 했다.

Zweiter Teil

1. Deutsche Liebesgedichte und Liebeslieder

Die schönsten deutschen Lieder zum Thema Liebe

Ich liebe dich

Ich liebe dich, so wie du mich,
Am Abend und am Morgen,
Noch war kein Tag, wo du und ich
Nicht teilten unsere Sorgen.

Auch waren sie für dich und mich
Geteilt leicht zu ertragen;
Du tröstetest im Kummer mich,
Ich weint in deine Klagen.

Drum Gottes Segen über dir,
Du, meines Lebens Freude.
Gott schütze dich, erhalt dich mir,
Schütz und erhalt uns beide.

Mignons Lied

Nur wer die Sehnsucht kennt,
Weiß, was ich leide!
Allein und abgetrennt
Von aller Freude,
Seh ich ans Firmament
Nach jener Seite.
Ach! der mich liebt und kennt,
Ist in der Weite.
Es schwindelt mir, es brennt
Mein Eingeweide.
Nur wer die Sehnsucht kennt,
Weiß, was ich leide.

Heidenröslein

Sah ein Knab' ein Röslein stehn,
Röslein auf der Heiden,
War so jung und morgenschön,
Lief er schnell, es nah zu sehn,
Sah's mit vielen Freuden.
Röslein, Röslein, Röslein rot,
Röslein auf der Heiden.

Knabe sprach: Ich breche dich,
Röslein auf der Heiden!
Röslein sprach: Ich steche dich,
Dass du ewig denkst an mich,
Und ich will's nicht leiden.

Röslein, Röslein, Röslein rot,
Röslein auf der Heiden.

Und der wilde Knabe brach
's Röslein auf der Heiden;
Röslein wehrte sich und stach,
Half ihm doch kein Weh und Ach,
Musst' es eben leiden.
Röslein, Röslein, Röslein rot,
Röslein auf der Heiden.

Suleika

Was bedeutet die Bewegung?
Bringt der Ost mir frohe Kunde?
Seiner Schwingen frische Regung
Kühlt des Herzens tiefe Wunde.

Kosend spielt er mit dem Staube,
Jagt ihn auf in leichten Wölkchen,
Treibt zur sichern Rebenlaube
Der Insekten frohes Völkchen.

Lindert sanft der Sonne Glühen,
Kühlt auch mir die heißen Wangen,
Küsst die Reben noch im Fliehen,
Die auf Feld und Hügel prangen.

Und mir bringt sein leises Flüstern
Von dem Freunde tausend Grüße;

Eh' noch die Hügel düstern
Grüßen mich wohl tausend Küsse.

Und so kannst du weiterziehen!
Diene Freunden und Betrübten!
Dort, wo hohe Mauern glühen,
Find ich bald den Vielgeliebten.

Ach, die wahre Herzenskunde,
Liebeshauch, erfrischtes Leben,
Wird mir nur aus seinem Munde,
Kann mir nur sein Atem geben.

Du bist wie eine Blume

Du bist wie eine Blume
So hold und schön und rein;
Ich schau dich an, und Wehmut
Schleicht mir ins Herz hinein.

Mir ist, als ob ich die Hände
Aufs Haupt dir legen sollt,
Betend, dass Gott dich erhalte
So rein und schön und hold.

Auf Flügeln des Gesanges

Auf Flügeln des Gesanges,
Herzliebchen, trag ich dich fort,

Fort nach den Fluren des Ganges,
Dort weiß ich den schönsten Ort.

Dort liegt ein rotblühender Garten
Im stillen Mondenschein;
Die Lotosblumen erwarten
Ihr trautes Schwesterlein.

Die Veilchen kichern und kosen,
Und schaun nach den Sternen empor;
Heimlich erzählen die Rosen
Sich duftende Märchen ins Ohr.

Es hüpfen herbei und lauschen
Die frommen, klugen Gazelln;
Und in der Ferne rauschen
Des heiligen Stromes Wellen.

Dort wollen wir niedersinken
Unter dem Palmenbaum,
Und Liebe und Ruhe trinken,
Und träumen seligen Traum.

해 설

Ich liebe dich

K. F. Herossee (1753~1842) 작사, Beethoven 작곡
시보다도 작곡을 통해서 유명해진 시

Sorge [Kummer/Freude] teilen 근심[걱정/기쁨]을 나누다

kein Tag, wo du und ich / nicht teilen unsere Sorge

(← kein Tag, wo du und ich unsere Sorge nicht teilen)

너와 내가 우리의 근심을 나누지 않은 날이 없다

☞ 각운을 맞추기 위해 문법에 어긋난 어순이 되었음.

geteilt leicht zu ertragen 나눔으로써 쉽게 견딜 수 있는

Du tröstetest in Kummer mich (← Du tröstetest mich in Kummer)

너는 걱정 가운데서 나를 위로해 주었다

Ich weint in deine Klagen (← Ich weinte in deinen Klagen)

나는 너의 탄식에 울어 주었다

☞ 운율을 맞추기 위하여 e자를 떼었음.

Gott schütz dich, erhalt dich mir

신이 너를 지켜 주고 내게서 너를 간직해 주기를

Mignons Lied

Goethe의 소설 *Wilhelm Meisters Lehrjahre* (1796)에 들어 있는 노래. 작중인물인 고아소녀 미뇽이 부른다. 애절한 단장(斷腸)의 그리움이 담겨 있다. Tschaikowsky, H. Wolf 등의 작곡으로 많이 알려져 있다.

Nur wer die Sehnsucht kennt, / weiß, was ich leide

그리움을 (속속들이) 아는 이만이 나의 괴로움을 알리

allein und abgetrennt 홀로 외떨어져

der mich liebt und kennt (= wer mich liebt und kennt)

나를 사랑하고 나를 알아주는 사람

Eingeweide 몸 속의 장기 전체를 가리킴.

Heidenröslein

Goethe의 시. 젊은 시절 스스로 채집한 민요의 영향으로 쓰인 민요풍의 담시. 소박한 어휘로 박진감 있게 그려낸 시적 정경에 상징이 어울려 있다. 가장 널리 알려진 것은 Werner 작곡이며, 경쾌한 Schubert의 작곡도 유명하다.

Sah ein Knab' ein Röslein stehn (← Ein Knabe sah ein Röslein stehen)
소년이 들장미가 서 있는 것을 보았다.
☞ 중요한 단어를 부각시키고 운율 효과를 극대화하기 위하여 과감하게 어순을 파괴하고 있음.
morgenschön 아침처럼 고운
☞ 신선한 아름다움을 표현하기 위한 괴테의 조어
Lief er schnell, es nah zu sehn (← Er lief schnell, es nah zu sehen)
소년은 달려갔다, 장미를 가까이서 보려고
Dass du ewig denkst an mich (← Dass du ewig an mich denkst) 네가 영원히 나를 생각하도록
Und ich will es nicht leiden 그리고 참지만은 않겠어
Half ihm doch kein Weh und Ach (← Ihm half doch kein Weh und Ach)
비명도 신음도 (장미에게는) 소용없었네
's Röslein (← das Röslein)
☞ 소년에게 의미 있게 된 특정한 장미임을 나타내기 위하여 정관사를 넣으면서도 운율을 깨뜨리지 않기 위해 독일어에 없는 영어의 어법을 빌려오고 있음.

Suleika

Goethe의 노년기 시집 *West-östlicher Divan* (1819)에 수록된 시. Mendelssohn 작곡. 이 시가 수록된「줄라이카」시편의 시들은 옛 페르시아 시인 Hafis와 그의 연인 Suleika가 주고받는 대화의 형식으로 이루어져 있으며, 실제로 Goethe와 Marianne Willemer 간에 오간 시들이 바탕을 이루고 있다. 많은 줄라이카의 노래 중 하나인 이 시는 마리아네가 쓴 것으로 Goethe가 다소 수정하였다.

seiner Schwingen frische Regung (← die frische Regung seiner Schwingen)
그 날개의 신선한/상쾌한 흔들림
des Herzens tiefe Wunde (← die tiefe Wunde des Herzens) 마음의 깊은 상처
der Insekten frohes Völkchen (← das frohe Völkchen der Insekten) 곤충들의 즐거운 작은 무리
der Sonne Glühen (← das Glühen der Sonne) 태양의 이글거림
die(= die Reben) auf Feld und Hügel prangen 벌판과 언덕에 화려한 포도넝쿨
Eh' noch die Hügel düstern 언덕들이 어두워지기 전에
Diene Freunden und Betrübten! 친구들과 침울한 사람들에게 봉사하라!
die wahre Herzenskunde 진정한 마음의 알림(기별)

Du bist wie eine Blume

Heine의 시. 수많은 작곡(약 400곡) 중에서 Schumann과 Liszt의 곡이 가장 널리 알려져 있다. 소박한 기원이 소박한 시어에 담겨 있다.

Du bist wie eine Blume / So hold und schön und rein
그대는 한 송이 꽃과도 같이 / 그렇게 아리땁고 곱고 맑아라
Mir ist, als ob ich die Hände / Aufs Haupt dir legen sollt
(← Mir ist, als ob ich die Hände dir aufs Haupt legen sollte.)
내 두 손을 그대 머리에 올려놓아야 할 것만 같아라
betend, dass Gott dich erhalte / So rein und schön und hold
기도하며, 신이 그대를 그렇게 맑고 곱고 아리땁게 지켜 주기를

Auf Flügeln des Gesanges

Heine의 시, Schumann 작곡. 이국적 풍경묘사에 낭만적 동경이 담겨 있다.

des heiligen Stromes Wellen (← die Wellen des heiligen Stroms) 성스러운 강물의 파도
wollen wir [...] träumen seligen Traum
(← wollen wir [...] seligen Traum träumen)
우리 … 황홀한[축복받은] 꿈을 꾸자

시 번역

그대를 사랑해

그대를 사랑해, 그대가 나를 사랑하듯
저녁이든 아침이든
아직 하루도, 그대와 내가
우리의 근심을 나누지 않은 날은 없었네.

근심은 그대에게도 나에게도
나눔으로써 한결 가벼웠지
그대는 걱정에 싸인 나를 위로해 주었고
나는 그대의 슬픔에 눈물 흘렸지.

그러니 신의 축복이 그대에게 내리라
그대, 내 삶의 기쁨이여. 그대를
신이여 지켜 주소서, 내게서 간직해 주소서
우리 둘을 지켜 주소서, 간직해 주소서.

미뇽의 노래

그리움을 아는 이만이
나의 괴로움을 알리!
모든 기쁨으로부터
떨어져 홀로
저 멀리
창공을 바라본다
아, 나를 사랑하고 나를 알아주시는 이
먼 곳에 있네.
어지러워라, 타고 있다
내 가슴 속이 송두리째.
그리움을 아는 이만이
나의 괴로움을 알리!

들장미

소년이 보았네 작은 장미
들에 핀 장미
갓 피어 아침처럼 고왔네
소년은 얼른 달려갔네 가까이서 보려고
큰 기쁨으로 바라보았네
장미, 장미, 장미, 붉어라,

들에 핀 장미

소년이 말했네 난 널 꺾을 테야
들에 핀 장미
장미가 말했네 난 널 찌를 테야
네가 나를 영원히 생각하도록
그리고 참고만 있지는 않겠어.
장미, 장미, 장미, 붉어라
들에 핀 장미

그 거친 소년이 꺾었네
들에 핀 장미
장미는 저항하며 찔렀네
비명도 신음도 소용없었네
참을 수밖에 없었네
장미, 장미, 장미, 붉어라
들에 핀 장미

줄라이카

이 바람은 무슨 뜻일까?
동풍이 내게 기쁜 소식을 가져오는 걸까?
그 시원한 날갯짓
가슴의 깊은 상처를 식혀 주네.

애무하듯 가지고 장난치다가도 먼지는
가벼운 구름 속으로 쫓아버리고
즐겁게 노니는 벌나비떼는
안전한 포도시렁 아래로 몰아 주네.

이글거리는 태양빛을 부드럽게 식히고
뜨거운 내 두 뺨도 식혀 주고
들판과 언덕에 탐스러이 뻗은
포도넝쿨에는 스쳐가면서도 입을 맞추네.

내게는 그 나지막한 속삭임이
그분의 수없는 인사를 전해 주네
언덕이 미처 어두워지기도 전에
수없는 입맞춤으로 인사해 오네.

그렇게 더 멀리 불어가서
친구들과 슬픈 이들에게 봉사하거라.
저기, 높은 담이 석양에 물든 곳에서
나는 곧, 참으로 사랑하는 그분을 만나리니.

아아, 진정한 마음의 이야기
사랑의 숨결, 새로워진 생명은
그분의 입으로부터만 네게로 오네
그분의 숨결만이 내게 줄 수 있네.

그대는 한 송이 꽃과도 같이

그대는 한 송이 꽃과도 같이
그렇게 아름답고 곱고 맑아라.
그대를 바라보고 있노라면 아픔이
내 가슴 속으로 스며든다.

꼭, 내 두 손을 그대
머리에 얹어야 할 것 같아라
늘 그렇게 맑고 곱고 아름답게
신이 그대를 지켜달라 기도하며.

노래의 날개 위에

노래의 날개 위에
사랑이여, 그대를 실어가노라
멀리 갠지스 평원으로
거기 아름다운 곳을 나는 알지.

거기 붉게 꽃피는 정원이 있지
고요한 달빛 속에.
연꽃들이 기다리고 있지
그들의 소중한 자매 당신을.

제비꽃들 깔깔거리며 애무하다
눈 들어 별을 보지
남몰래 장미들은 서로서로
귀에다 향기로운 동화를 들려 주지.

껑충 달려와 귀 기울이는
근엄하고 영리한 영양들
먼 곳에는 출렁이는
성스러운 강물의 파도.

거기 종려나무 아래
우리 내려앉아
사랑과 평화를 마시자
황홀한 꿈을 꾸자.

(전영애 옮김)

2. Vergissmeinnicht

Günter de Bruyn

Das Geschäft begann gerade richtig, als die junge Frau, die ihm vorher so viel Ärger gemacht hatte, schon zurückkam. Seiffert sah sie den Hauptweg entlangkommen, langsam bleich, schwarz gekleidet, den geliehenen Korb am Arm, und es wunderte ihn, dass sie so schnell mit dem Bepflanzen des frischen Grabes fertig war.

Es war zehn Uhr, und der im Frühling übliche Andrang begann. Die Leute — Frauen meist, selten mit Mann oder Kind, nie Männer allein — drängten sich an der Pforte, zwangen sich, wenn sie aus dem Schatten der Mauer heraus waren, den langsamen Friedhofsschritt auf, blickten nach links auf die in quadratische und rechteckige Felder geordneten Töpfe und Kästen, blieben stehen, überlegten, gingen weiter, kamen näher, musterten das Angebot, verglichen die Preise, und jede Minute etwa stellte sich eine Person in die Reihe der Käufer, an der Seiffert hin und her hastete, bei der Auswahl half, verpackte und Geld einnahm. Selten wusste eine gleich, was sie wollte, meist hieß es erst, was ist dies, wie und wann blüht es, was kostet es, ist es winterhart, muss es oft gegossen werden, geben Sie zehn davon, nein, nur fünf und fünf davon, passt das

---

*Günter de Bruyn (1926~2020): 구동독의 작가. Thomas Mann상, Heinrich Böll상 수상.

überhaupt zusammen, warum keine Schnittblumen, was heißt: noch nicht, wozu gibt es Treibhäuser, und dann murrten die Wartenden, weil es so lange dauerte, aber wenn sie dran waren, machten sie es nicht anders, und der alte Seiffert wurde schweigsam vor Wut über diese Hinterbliebenen, die für ihre Toten nicht eine Stunde früher aufstehen konnten, um vor den vielen anderen da zu sein.

Die junge Frau war früher da gewesen. Sie hatte für ihren Toten reichlich Zeit, aber wenig Geld gehabt. Lange hatte sie das magere Angebot studiert und still für sich gerechnet, bis Seiffert sie gestört hatte, um ihr Stiefmütterchen, die nur 16 Pfennig kosteten und sehr gefragt waren, auszureden, und da Rosen wohl nicht in Frage kamen, zu den massenhaft vorhandenen Vergissmeinnicht (14 Pfennig das Stück) oder zu Waren mittlerer Preisklasse zu raten. Erst hatten es niedrige Eriken (61 Pfennig) sein sollen, dazu hatte das Geld nicht gereicht. Dann hatte er ihr ausführlich erklären müssen, warum es keine Primeln gab. Dann hatte sie sich für Stiefmütterchen entschieden, aber während er knurrend in den Schuppen gegangen war, um die letzten zu holen, waren sie ihr für den ernsten Ehemann als zu bunt erschienen. Also doch Vergissmeinnicht! Und wie viel? Vierzig? Sie hatte entsetzt getan, als hätte er Grund, sie zu mehr zu überreden, als sie brauchte.

Und jetzt kam sie schon wieder zurück. Sie wollte an der Schlange der Wartenden vorbei, aber jemand sagte was zu ihr, und sie kehrte um und stellte sich schweigend hinten an, obwohl sie doch nur den Korb zurückzugeben hatte. Seiffert wollte ihr schon sagen, sie solle nach vorn kommen, ließ es aber, weil er fand, dass so viel Schüchternheit Strafe verdiente.

Er nahm sich vor, ihr, wenn sie an der Reihe war, wortlos den Korb abzunehmen, ihn hinter das Feld der Rosentöpfe zu werfen und die Nächste zu fragen, was es denn sein sollte. Aber als sie endlich dran war, konnte er ihrem hilflosen Blick nicht ausweichen und ihre leise gesprochenen Worte nicht gleich begreifen.

«Bitte, nehmen Sie die Blumen wieder zurück!», sagte sie. Er hatte den Korb schon in der Hand, spürte sein Gewicht, aber erst jetzt sah er, dass er noch gefüllt war, dass die Vergissmeinnicht noch so standen, wie er sie hineingetan hatte. Er hatte die Erde zusammenpressen müssen, um sie alle unterzubringen, und die letzten drei Pflanzen obenauf gelegt.

«Blumen sind vom Umtausch ausgeschlossen», sagte er und gab ihr den Korb zurück. «Der Nächste, bitte!»

Sie hatte ihm vorhin schon reichlich Zeit gestohlen für die paar Mark. Das Theater mit ihr würde von neuem losgehen und die Schlange immer länger werden.

«Ich möchte sie nicht umtauschen, ich möchte sie zurückgeben!»

«Noch besser!», sagte er und hielt der nächsten Kundin einen Rosenstrauch vor die Nase, den sie sich rundum anschaute, als verstünde sie was davon. «Gekauft ist gekauft! Und falls Sie sich im Friedhof geirrt haben: Sie dürfen die Vergissmeinnicht auch auf dem Nachbarfriedhof pflanzen. Das sind Edelrosen, liebe Frau, die kriegen Sie nirgendsonst für den Preis!»

«Ich habe mich nicht geirrt», sagte die junge Frau leise, «das Grab ist schon bepflanzt.»

«Geht mich nichts an!», sagte er.

Er hatte zu viel Vergissmeinnicht mitgenommen, die er sonntags nicht loswerden würde. Sie blühten noch nicht, und Leute, die selten kamen, wollten ihre Gräber gleich schön haben, nicht erst später, wenn sie es nicht sahen. Die noch knospenden Vergissmeinnicht waren für wochentags, für die alten Frauen, die er mit Namen kannte, weil sie fast täglich kamen, denen der Friedhof auch Erholungspark und wie ein eigener Garten war.

«Aber was soll ich machen?»

«Sie in den Garten pflanzen.»

«Ich habe keinen Garten.»

«Auf den Balkon.»

«Habe ich auch nicht.»

«Dann lassen Sie sich das Geld von der zurückgeben, die das gemacht hat.»

«Ich weiß nicht, wer es sein könnte.»

«Die Schwiegermutter vielleicht.»

«Wir haben keine Verwandten hier.»

«Vielleicht eine von seiner Arbeitsstelle.»

«Unmöglich.»

«Dann reißen Sie das Zeug raus und pflanzen Ihres hin.»

«Das geht nicht. Es ist viel schöner so. Blühende Erika, die hohe Sorte!»

Sie sah suchend umher, um ihm die Blumen zu zeigen, fand sie aber nicht. Er hatte die hohe Sorte in diesem Jahr noch nie gehabt, die Genossenschaft hatte sie aus irgendwelchen Gründen nicht geliefert. Die Augen der jungen Frau füllten sich mit Tränen; Seiffert konnte nicht mehr hinsehen; er verkaufte weiter und hörte, während er rechnete und auswählte und einpackte, ihr Schluchzen neben sich und ärgerte sich über die Hartnäckigkeit, mit der sie hier stand und vor den Kunden weinte, nur der paar Mark wegen. Und dann fiel ihm plötzlich ein, dass er immer so geredet hatte, als könnte nur eine Frau die Blumen gepflanzt haben. Es war unbeabsichtigt und unüberlegt geschehen, weil Männer hier selten kamen, weil Frauen meist die zäheren sind und überleben und weil die Männer nie allein bleiben und schneller vergessen und weil ihnen das gute Verhältnis zu Toten und zu Blumen fehlt, und weil sie meist besser verdienen und mit dem Gärtner eher einen Pflegevertrag abschließen, als selbst zu pflanzen und zu hacken und zu gießen. Und er sagte, während er Rosen verpackte:

«Hohe Erika, sagen Sie? Das ganze Grab bepflanzt? So viel habe ich in den letzten Tagen nur einmal abgegeben, einem Mann, wäre für einen alten Freund», sagte er.

Die Frau wurde still, putzte sich die Nase, wartete, bis Seiffert das Geld für die Rosen hatte und fragte: «So ein großer?»

«Ja, groß war er.»

«Schwarz?»

«Ja, groß und schwarz.»

«Redet ein bisschen sächsisch?»

«Ja, ein bisschen.»

Die junge Frau lächelte und stellte den Korb auf die Erde.

«Alfred, natürlich Alfred», sagte sie, und dann ging sie. Der alte Seiffert bediente weiter, sah die Frau durch die Pforte verschwinden, und zu der nächsten Kundin, für die Rosen wohl nicht in Frage kamen, sagte er: «Vergissmeinnicht, vierzig Stück, schon verpackt, nur vier Mark, ohne Korb natürlich.»

Strukturen

(…) **es** wunderte ihn, **dass** sie so schnell mit dem Bepflanzen des frischen Grabes fertig war.
그녀가 갓 봉분한 묘에 나무(꽃)를 심는 일을 그렇게 빨리 마쳤다는 사실이 그를 놀라게 했다.
☞ es는 dass절의 내용을 가리키는 형식상의 주어

Selten wusste eine gleich, was sie wollte, meist hieß es erst, **was ist dies, wie und wann blüht es, was kostet es, ist es winterhart, muss es oft gegossen werden,** (…) 여자 손님이 무엇을 사야 할지 금방 아는 경우는 아주 드물었다. 대개는, 이건 뭐예요, 어떻게 꽃이 피고 언제 피지요, 값은 얼마예요, 겨울에도 잘 견디나요, 물을 자주 줘야 하나요(…) 하는 등등의 말이 먼저 튀어나왔다.
☞ was 이하는 직접화법을 간접화법처럼 쓴 문장들임(분주하게 고객을 상대하는 상황을 생생하게 전달하기 위한 표현).

(…) der alte Seiffert wurde schweigsam vor Wut über diese Hinterbliebenen, **die** für ihre Toten nicht eine Stunde früher aufstehen konnten, **um** vor den vielen anderen da **zu sein**.
자이퍼르트 노인은, 고인을 위하여 한 시간이라도 더 일찍 일어나서 다른 많은 사람들보다 먼저 찾아오지 못하는 이 유족들한테 화가 나서 말이 없어졌다.
☞ die는 diese Hinterbliebenen을 받는 관계대명사. 관계절 이하는 '다른 많은 사람들보다 먼저 찾아올 수 있게 고인을 위하여 한 시간이라도 더 일찍 일어나지 못하는' 으로 해석해도 무방함.

Lange hatte sie das magere Angebot studiert und still für sich gerechnet, **bis** Seiffert sie gestört hatte, **um** ihr Stiefmütterchen, die nur 16 Pfennig kosteten und sehr gefragt waren, **auszureden**, (…)
그녀는 그 싸구려 꽃을 한참 동안 꼼꼼히 살피면서 조용히 속으로 계산해 보았다. 그러다가 마침내 자이퍼르트는 그녀를 훼방놓아서, 16페니히밖에 되지 않고 매우 잘 팔리는 팬지꽃을 포기하도록 종용했다.
☞ bis로 시작되는 부문장이 너무 길 때는 이처럼 별개의 문장으로 해석하는 것이 자연스러움. 여기서도 'um … zu-부정사' 구문의 해석에 주의할 것.

(…) und **da** Rosen wohl nicht in Frage kamen, (…)
그리고 아마 장미는 고려의 대상도 되지 않았을 것이기 때문에
☞ da는 이유를 설명하는 접속사

Erst hatten **es** niedrige Eriken (61 Pfennig) **sein sollen, dazu** hatte das Geld nicht gereicht.

우선 값싼 히스꽃(61페니히)을 고를 법했지만, 그러기에는 돈이 모자랐다.

☞ 여기서 앞 문장은 점원이 손님에게 묻는 표현인 was soll es sein?(무엇을 원하십니까?)이 변형된 것임. dazu는 앞 문장 전체를 가리킴.

(…) **während** er knurrend in den Schuppen gegangen war, um die letzten zu holen, waren sie ihr für den ernsten Ehemann als zu bunt erschienen.
그가 마지막 남은 팬지꽃을 가져오기 위해 투덜거리며 간이창고로 들어간 사이에, 그녀는 팬지꽃도 (죽은) 진지한 남편한테 바치기에는 너무 화려하다는 생각이 들었다.

☞ während는 '…하는 동안에', '…하는 사이에'의 뜻을 지닌 접속사

Sie hatte entsetzt getan, **als hätte** er Grund (= *als ob* er Grund *hätte*), sie zu *mehr* **zu überreden**, *als* sie brauchte. 마치 그가 그녀에게 필요한 것보다도 더 많이 사도록 설득해야 할 이유라도 있는 것처럼, 그녀는 질겁하는 시늉을 했다.

☞ zu-부정사 구문은 Grund를 수식함. mehr는 마지막 절의 접속사 als와 연결되어 비교구문을 이룸.

(…) und sie kehrte um und stellte sich schweigend hinten an, obwohl sie doch **nur** den Korb **zurückzugeben hatte**. 그리고 그녀는 돌아오더니, 그녀가 할 일이라곤 그저 바구니만 되돌려주는 일밖에 없음에도 불구하고, 뒤쪽에 말없이 줄을 서는 것이었다.

☞ 'haben … nur … zu 부정사' 구문은 영어의 have only to에 해당

(…) aber erst jetzt sah er, dass er noch **gefüllt war**, dass die Vergissmeinnicht noch **so** standen, **wie** er sie hineingetan hatte. 그런데 이제야 그는 바구니가 아직도 채워져 있고, 물망초가 아직도 자기가 담았던 그대로 꽂혀 있다는 사실을 알게 되었다.

☞ gefüllt war는 상태수동의 과거형. so … wie …는 영어의 so … as …에 해당

3. Damals

Hans Magnus Enzensberger

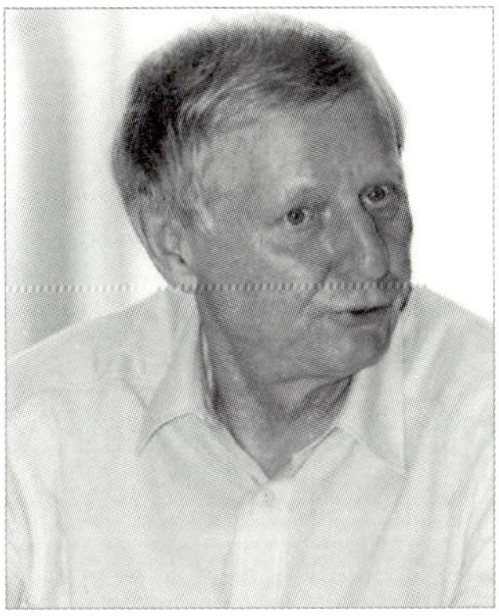

Die fünfziger Jahre waren in Deutschland ja ein bisschen langweilig. Nein, sehr langweilig. Zum Schreien langweilig. Ich wollte aber nicht den ganzen Tag lang schreien. Also packte ich damals meine Sachen zusammen und zog nach Norwegen.

Dort war es ruhig, aber nicht langweilig. Die Norweger waren so ruhig wie die Fische. Als ich ankam, sagten sie fast gar nichts. Dafür sind sie in der ganzen Welt berühmt. Erst nach ein paar Wochen murmelten sie manchmal, wenn sie mich sahen, «Morn». Das heißt soviel wie «Guten Morgen», aber die Norweger sagen auch mittags, abends und nachts «Morn». Wenn sie es besonders herzlich meinen, sagen sie sogar «Morn da».

Als die ersten zwei Monate vergangen waren, saß ich eines Abends in dem einzigen Café des Dorfes. Es war ein wenig schmutzig, aber ganz gemütlich. Leider war kein Tisch mehr frei. Also setzte ich mich zu dem Postboten. Der Postbote war mein bester

---

*Hans Magnus Enzensberger (1929~): 사회비판적인 시를 많이 쓴 작가. 에세이와 기록극 등에서도 정치비판적인 시각을 담음. *Der Untergang der Titanic. Eine Komödie* (1978), *Politik und Verbrechen* (1964, 논설집) 등의 저서가 있음.

Bekannter, weil er mir so viele Briefe bringen musste.

Wir unterhielten uns, ruhig wie die Fische, und tranken Bier, denn in einem norwegischen Café gibt es keinen Schnaps.

«Wann bist du eigentlich geboren?», fragte der Postbote plötzlich. (In unserem Dorf duzen sich alle Leute.)

Komische Frage!

Die Norweger sind, glaube ich, sehr neugierig. Aber fast immer verstecken sie ihre Neugier. Es ist nämlich unanständig, neugierig zu sein, und unanständige Norweger gibt es nicht.

Das ganze Dorf schien gespannt auf meine Antwort zu warten.

«Ich bin 1929 geboren», sagte ich.

«Ach so», sagte der Postbote.

Das ganze Dorf schien sich zu freuen, dass ich 1929 geboren war. Dann tranken wir noch ein paar Gläser.

Um halb zehn wurde das Café geschlossen. Ja, es war eben ein sehr anständiges Dorf.

«Morn da!», sagten wir, als die Bedienung die Stühle auf die Tische stellte.

Wieder ein paar Monate später, als die Touristen wie Steine am Strand lagen, ohne sich zu bewegen, saß ich wieder einmal in unserem anständigen, schmutzigen, gemütlichen Café.

Jetzt sprach der Postbote schon fließend norwegisch mit mir.

Die Tür ging auf und herein kamen zwei Herren mit verhältnismäßig roten Gesichtern.

«Gestatten Sie», sagten die beiden Herren in fließendem Deutsch, denn wie immer war in unserem Café kein Tisch mehr frei.

Wir nickten nur.

«Ja», sagte der eine Herr, «Norwegen ist herrlich. Kennen Sie vielleicht Norwegen von früher?»

«Nein», sagte der andere Herr, «leider nicht».

«Es war die schönste Zeit meines Lebens», sagte der erste. «Damals, 1941!»

«Ja, damals!», sagte der andere.

«Waren Sie auch Offizier?», fragte der erste.

«Ja, aber leider nur in Belgien.»

Das kann doch nicht wahr sein, dachte ich.

«Seitdem liebe ich Norwegen», sagte der erste Herr.

«Die Natur, wissen Sie, und die Menschen! So anständig, und immer so schweigsam!»

Das ganze Dorf hörte zu und schwieg.

Niemand fragte die beiden Herren, wann sie geboren waren.

«Gibt es denn hier kein Bier?», rief der zweite Herr.

Wir schwiegen wie die Fische.

«Sie kennen Norwegen nicht», sagte der erste Herr.

«Bier heißt nämlich hier Öl. Jawohl, Öl! Da staunen Sie, was? Öl! Öl!», rief er. Niemand hörte ihm zu. Erst stand der Postbote auf, dann ich, und wir gingen, ohne «Morn da» zu sagen. Die Bedienung kam und stellte unsere Stühle vor den beiden Herren auf den Tisch, und obwohl es erst fünf Uhr nachmittags war, wirkte das Café auf einmal unendlich leer.

Strukturen

Ich wollte aber nicht *den ganzen Tag* **lang** schreien.
하지만 하루종일 고함을 지르고 싶지는 않았다.
☞ 4격 지배 형용사

Dafür sind sie in der ganzen Welt **berühmt**.
그들은 그런 것으로(= 말을 잘 하지 않는 것으로) 세계적으로 유명하다.
☞ Dafür는 앞 문장의 내용을 가리킴.

[...] **denn** in einem norwegischen Café *gibt* es keinen Schnaps.
노르웨이의 카페에는 화주(火酒)가 없기 때문에
☞ 접속사 denn으로 시작되는 문장에서는 동사가 후치되지 않음.
(비교) **weil** es in einem norwegischen Café keinen Schnaps *gibt*.

Wir unterhielten uns.　우리는 이야기를 나누었다.

In unserem Dorf duzen sich alle Leute.　우리 마을에서는 모든 사람들이 서로 말을 놓는다.

☞ 재귀대명사가 상호대명사로 쓰여 '서로'(einander)의 뜻을 갖는 경우

Es ist nämlich unanständig, neugierig **zu sein.**

왜냐하면 호기심을 갖는다는 것은 점잖치 못한 일이니까.

☞ Es는 zu-부정사 구문을 가리킴.

Das ganze Dorf **schien** gespannt auf meine Antwort **zu warten.**

온 마을사람들이 긴장해서 내 대답을 기다리고 있는 것 같았다.

☞ scheinen + zu-부정사(↑ S. 28)

Um halb zehn **wurde** das Café **geschlossen.**

9시 반이 되자 카페가 문을 닫았다.

☞ Das Café **war geschlossen.** (카페 문이 닫혀 있었다)로 표현하면 상태수동이 됨.

[…] wir gingen, **ohne** «Morn da» **zu sagen.**

우리는 인사말도 하지 않고 자리를 떠났다.

☞ 'ohne … zu 부정사' 구문은 '…하지 않고', '…하지도 않은 채' 등으로 부정의 의미가 됨.

Niemand fragte die beiden Herren, **wann** sie geboren waren.

아무도 그 두 신사에게 그들이 언제 태어났느냐고 묻지 않았다.

☞ 때를 나타내는 의문부사 wann은 종속적 접속사로 사용되며, 이 경우 종속문의 정동사는 후치됨.

«Ja», sagte **der eine** Herr, «Norwegen ist herrlich. Kennen Sie vielleicht Norwegen von früher?» «Nein», sagte **der andere** (Herr).

"그렇소" 하고 그 중 한 신사가 말했다. "노르웨이는 근사한 나라입니다. 아마 당신도 예전의 노르웨이를 아시지요?" "아니, 모릅니다" 하고 다른 신사가 말했다.

☞ 대명사 der eine에서 정관사 다음에 오는 ein-, ander- 등은 형용사 약변화를 함.

4. Sintflut

Günter Kunert

Die Sintflut beginnt unmerklich. Vorerst steigen die Flüsse um wenige Zentimeter. Es regnet nicht einmal häufiger als sonst, aber anhaltender. Und es dauert länger als nach früheren Güssen, bis das Wasser wegsickert. Eines Tages verrinnt es gar nicht mehr, und die kleinen Pfützen bleiben stehen. Die Industrie wird mehr Regenschirme herstellen, mehr Gummistiefel, doch das sind die einzigen Maßnahmen, die man trifft. Ein paar Wetterkundler weisen auf Merkwürdigkeiten im Wetterablauf hin, nur versteht ihre wissenschaftliche Sprache kein Mensch, und ihre Entdeckung wird sofort wieder vergessen.

Wenn die Flüsse über die Ufer steigen, wird man es dem jeweiligen Landesfeind ankreiden, doch weil die Nachrichtenübermittlung nicht zu verhindern ist, erfährt alle Welt von der synchronen Überschwemmung vieler Gebiete der Erde.

Die Pfützen werden Tümpel, Teiche, Seen, die sich zu kleinen Meeren zusammenschließen. Es wird hauptsächlich von einer vorübergehenden Krise der Witterung ge-

*Günter Kunert (1929~2019): 구동독에서 작품활동을 시작하여 반체제 활동을 하다가 1979년 이후 서독에 정착한 시인, 산문작가.

sprochen werden, von einer Verlagerung der Erdachse oder Ähnlichem. Jeder Staat wird insgeheim Fachleute aus Venedig anheuern, deren Erfahrung das wässrig werdende Leben erleichtern soll. Die Bevölkerung, die sich bereits in die oberen Stockwerke der Häuser zurückgezogen hat, wird von Booten aus versorgt und gewöhnt sich langsam an den Zustand, denn es gehört zu den vornehmsten Aufgaben einer Bevölkerung, sich an Zustände zu gewöhnen. Eine bekannte Persönlichkeit prägt endlich den Satz vom «Leben mit dem Wasser», der bald in aller Munde ist.

Leider wird die Gewöhnung immer wieder gestört, und zwar durch das Wasser selbst, das, von den vielen beruhigenden Zeitungsartikeln nicht beeindruckt, ständig weiter steigt. Weniger Kähne als gedunsene Leichen treiben durch die Straßen, die beiderseits von den Dächern der noch nicht abgesackten Gebäude markiert werden. Hunger greift um sich, Seuchen, bitterste Not und bitterste Angst. Hubschrauber fliegen über die aus den Wellen ragenden Reste und werfen Flugblätter ab, des Inhalts, dass alles getan werde, das Unglück abzuwenden.

Gläubig lesen die Ertrinkenden die druckfeuchten Blätter. Den Sterbenden hält man die Zettel vor die Augen, die der Tod schon trübt. Von den Dächern der Wolkenkratzer spült die Flut die letzten Lebenden, die niemals erfahren, dass eine Sintflut über sie gekommen: Das zu verheimlichen, wird allen Beteiligten wichtiger sein, als in dem zunehmenden Regen, in den schwellenden Bächen, den andauernden Wolken die beginnende Katastrophe zu erkennen. Gewiss: Für eine weitere Sintflut würde man nun viel besser vorbereitet sein, wenn man nicht schon bei der ersten untergegangen wäre.

Strukturen

Wenn die Flüsse über die Ufer steigen, **wird** man es dem jeweiligen Landesfeind ankreiden.
강물이 범람하면 그 때마다 사람들은 그것이 곧 나라의 적 때문이라고 벼를 것이다.
☞ werden 동사는 여기서 추측을 나타내는 용법이지만, 화자의 강한 확신을 함축하고 있음.

[...] weil die Nachrichtenübermittlung nicht **zu verhindern ist** (= verhindert werden kann)
정보전달을 막을 수는 없기 때문에

☞ 'sein + zu-부정법' 구문(↑ S. 28)

Die Bevölkerung [...] **wird** von Booten aus **versorgt**.
주민들은 보트로 필요한 물품을 공급받는다.
☞ 'werden + 과거분사형' 으로 수동태 구문

[...] denn **es** gehört zu den vornehmsten Aufgaben einer Bevölkerung, **sich** an Zustände **zu gewöhnen**. 주민의 최우선 과제 중 하나는 형편에 맞게 적응하는 것이기 때문에
☞ es는 zu 부정법 구문을 가리키는 형식상의 주어

[...] **von** den vielen **beruhigenden** Zeitungsartikeln nicht **beeindruckt** [...]
(사람들을) 안심시키려는 수많은 신문기사들에 의해 영향을 받지 않고
☞ beruhigend는 현재분사형으로 능동의 의미를, beeindruckt는 과거분사형으로 수동의 의미를 갖는 분사 구문(↑ S. 34)

Hubschrauber fliegen über **die aus den Wellen ragenden Reste** (= die Reste, die aus den Wellen ragen). 헬리콥터들이 물결 밖으로 솟아오르는 산해 위로 날아다닌다.
☞ 관계문이 축약된 현재분사 구문(↑ S. 35)

[...] des Inhalts, **dass** alles getan werde, das Unglück **abzuwenden**.
재난을 방지하기 위하여 모든 조치가 취해질 것이라는 내용의
☞ dass절은 des Inhalts를 수식하는 부문장이며, (um) das Unglück abzuwenden은 목적을 나타내는 'um + zu-부정법' 구문의 축약형

5. Lieber Gott der Reichen

Gudrun Pausewang

In Südamerika gibt es viele Arme und nur wenige Reiche. So ist es auch in der Stadt San Vicente. Die Reichen wohnen im Viertel El Sol, das heißt: die Sonne. In diesem Viertel stehen die herrlichsten Villen, und jede Villa steht in einem Garten voller gepflegter Blumenbeete. Die Arbeit in den Villen tun Dienstmädchen, die Gärten werden von Gärtnern gepflegt, Kindermädchen führen die Kinder der Reichen aus, Köchinnen kochen den Reichen das Essen, und manche Reiche halten sich sogar einen Chauffeur.

Die Köchinnen, Dienstmädchen, Kindermädchen, Gärtner und Chauffeure sind in den neuen Vierteln der Armen daheim. Dort gibt es weder Villen noch Blumengärten. Dort hausen Familien mit vielen Kindern zusammen mit den Großeltern und noch anderen Verwandten in winzigen Hütten ohne fließendes Wasser und ohne Toiletten. Dort sind die Wege nicht asphaltiert: Die Kinder spielen in den Pfützen der Abwässer und im Schlamm des letzten Regens. Die Kleineren laufen nackt herum. Die Eltern haben kaum Geld genug, um den Größeren Kleider zu kaufen. Bei vielen langt es nicht

---

*Gudrun Pausewang (1928~2020): 체코 출신의 아동문학가. 1945년 이후 독일에 거주하면서 초등학교 교사를 지냄. 10여 년 간 남미에서 살았고, 주로 당시의 체험을 소설로 발표했다. *Plaza Fortuna* (1966), *Die Not der Familie Caldera* (1977) 등의 작품이 있다.

einmal, um die Familie satt zu machen. Und die meisten Armen, egal ob Kinder oder Erwachsene, haben keine Schule besuchen können, weil es nicht genug Schulen in den Armenvierteln gibt und weil man die Bücher und Hefte und den Unterricht bezahlen muss.

Es gibt auch Kirchen in den Armenvierteln — kleine, ärmliche Kirchen, in denen die vielen Armen kaum Platz finden. Und der Pfarrer kann ihnen in ihrem Elend auch nicht helfen. Wenn wenigstens jede Familie ein Stückchen Land besäße, um sich selbst Mais und Kartoffeln und Gemüse zu ziehen und ein paar Hühner zu halten! Aber das meiste Land gehört den Reichen. Und es gibt nicht genug Arbeitsstellen für all die vielen Armen, die Geld verdienen möchten, um ihre Familien vor diesem Elend zu bewahren.

Die Kirche von El Sol dagegen ist ein mächtiges Gebäude, das die Villen überragt und schon von weitem zu sehen ist. Sie hat einen Marmorboden und Marmorsäulen und riesige bunte Glasfenster mit Bildern darauf, und der Turm ist der höchste in der ganzen Stadt San Vicente. Viele Touristen schauen sich die Kirche an, weil sie so gerühmt wird. Und dann gehen sie auch durch das Viertel El Sol und sagen zueinander: «Wie wunderschön, wie sauber und reich ist diese Stadt!»

Aber niemand sagt ihnen, dass sie auch die Armenviertel anschauen müssen, wenn sie die Stadt kennen lernen wollen. Vielen von ihnen würde grausen vor dem Elend, das sie dort sähen. Nein, damit wollen die meisten Touristen nichts zu tun haben.

«Die Armut macht so traurig», sagen sie. «Gott sei Dank sind wir nicht arm. Und wenn wir verreisen, wollen wir fröhlich sein.»

Sonntags strömen die Reichen aus dem Viertel El Sol in ihre Kirche. Sie fahren in ihren großen Autos vor und tragen kostbaren Schmuck und teure Kleidung, um zu zeigen, wie reich sie sind.

Die Armen gehen nicht in diese Kirche. Sie wissen, dass sie hier nicht gern gesehen werden, und fühlen sich unter den Reichen auch nicht wohl. Aber auf den Kirchenstufen warten die Allerärmsten, die Bettler, die nicht einmal eine Hütte im Armenviertel haben, sondern irgendwo in Treppenhäusern oder auf Parkbänken schlafen. Wenn der Gottesdienst zu Ende ist, strecken sie ihre Hände aus und betteln die Reichen an. Dann bekommen sie ein paar Münzen geschenkt und laufen zufrieden fort, um sich etwas zu essen zu kaufen. Sie haben alle Hoffnung verloren, dass es je anders werden könnte. Sie können sich nicht vorstellen, jemals ein kleines Haus zu besitzen und soviel Geld zu verdienen, dass sie sich sauber kleiden und drei Mahlzeiten am Tag leisten können.

Aber die Kinder haben noch nicht verlernt zu hoffen und zu träumen. Und so kommen eines Sonntags zwei kleine Jungen mitten im Gottesdienst in die Kirche der Reichen: Das Portal stand ja auf, und da sind sie andächtig hereingeschlichen, auf Zehenspitzen natürlich. Aber man hätte ihre Schritte sowieso nicht gehört, denn sie sind ja barfuß. Sie sind entsetzlich schmutzig und struppig und haben nichts an als zerlumpte Hosen. Der ältere von ihnen trägt auf dem Rücken einen alten Plastiksack. Darin sind ein verschimmeltes Brötchen, ein paar vertrocknete Weißbrotscheiben, drei kalte Pellkartoffeln und ein Stückchen Käse, das von Mäusen angenagt worden ist. Das alles haben die beiden Jungen aus den Mülleimern von El Sol gewühlt: ihr Sonntagsessen.

Der Kirchendiener kommt gelaufen und will die Jungen hinausscheuchen, die gerade durch den Mittelgang auf den Altar zuwandern. Sie stinken. Ein paar Damen werfen ihnen entrüstete Blicke zu und rümpfen ihre Nasen.

«Fort mit euch!», flüstert der Kirchendiener. «Was habt ihr hier zu suchen? Geht in eure Kirche, dort, wo ihr hingehört!»

«Aber wir wollen euren Gott um etwas bitten», flüstert der Ältere, der etwa neun Jahre alt ist. Genau weiß er sein Alter selber nicht. «Wir waren schon mal da, vor ein paar Tagen, als die Kirche leer war, aber da war wohl euer Gott nicht hier. Jedenfalls hat er uns nicht gehört, denn es ist nichts geschehen bis heute. Deshalb kommen wir nochmal, wo ihr alle hier versammelt seid. Denn jetzt ist er sicher da, wegen euch, und muss uns hören.»

«Schluss mit dem Gefasel!», zischt der Kirchendiener, stellt sich mit ausgebreiteten Armen vor sie hin und schneidet ihnen den Weg zum Altar ab. Aber sie sind wendig, sie haben gelernt, an Polizisten vorüberzuhuschen und an Dienstmädchen, die den Auftrag haben, Mülltonnenwühler zu verjagen. Sie lassen sich los und schlüpfen rechts und links am Kirchendiener vorbei, rennen hin zum Altar, wo sie sich wieder finden und an den Händen fassen. Und noch ehe sich der Kirchendiener von seiner Verblüffung erholt hat, ruft der Ältere zum Kreuz über dem Altar hinauf: «Lieber Gott der Reichen, schenk uns reiche Eltern, solche, die in El Sol wohnen! Denn wir hatten nur eine Mutter, die ist tot. Bitte! Wir schenken dir dafür alles, was wir hier im Sack haben. Es war ein guter Tag, wir haben heute morgen viel gefunden. Wir haben noch nichts davon gegessen, damit du siehst, dass es uns ernst ist.»

Und er läuft die Stufen empor, reckt sich und schwingt seinen Sack vom Rücken auf den Altar.

«Dass du's nur weißt», fügt er hinzu, «wir haben heute überhaupt noch nichts gegessen —.»

Ein paar Damen in den ersten Reihen schreien erschrocken auf. Die Ministranten weichen zurück, der Priester hört auf vorzulesen und starrt verstört den schmutzigen Sack an, der vor ihm auf dem Altar liegt, auf der schneeweißen gestickten Decke, zwischen Liliensträußen und Kerzen.

In diesem Augenblick hat der Kirchendiener den Jungen erreicht, hält ihm den Mund zu, zerrt ihn von den Stufen herunter und schiebt ihn vor sich her durch den langen Mittelgang bis zum Portal. Der kleine Bruder stolpert den beiden nach und schluchzt: «Lieber Gott der Reichen, hilf uns doch!»

Er schreit es immer lauter, je näher sie dem Portal kommen. Der Ältere wehrt sich, er beißt dem Kirchendiener sogar in die Finger. Aber es hilft alles nichts, der Kirchendiener ist stärker. Der Jüngere schreit und schreit. Seine Tränen fließen ihm über die schmutzigen Wangen, seine Nase läuft. Aber er hat ja kein Taschentuch.

Kurz vor dem Portal reißt der Ältere die Hand des Kirchendieners von seinem Mund und ruft: «Er ist ja heute wieder nicht da! Pablito, hör auf zu schreien, er ist nicht da!»

Die Leute in den Bänken starren die Kinder an. Sie sind zornig. Was für ein Spektakel in der Kirche, was für eine lästige und peinliche Störung der Heiligen Messe! Der Priester schweigt noch immer und wartet. Er runzelt seine Stirn.

Aber nun ist es dem Kirchendiener endlich gelungen, die beiden Störenfriede hinauszuschieben und die Kirchenstufen hinunterzuscheuchen, Gott sei Dank. Er schließt das Portal.

Jetzt sind sie wieder unter sich, die Reichen. Nach dem Gottesdienst beschließen sie, dass künftig ein Wächter am Portal stehen soll, der Bettelkinder gar nicht erst hereinlässt. Überhaupt keine Armen.

Strukturen

[…] und manche Reiche halten sich[3] sogar einen Chauffeur.
그리고 상당수의 부자들은 심지어 운전기사를 고용하고 있다.
☞ sich는 3격 재귀대명사

Dort gibt es **weder** Villen **noch** Blumengärten. 거기에는 빌라도 화원도 없다.
☞ weder A noch B: A도 B도 아니다

Die Eltern haben kaum Geld **genug, um** den Größeren Kleider **zu kaufen**.
부모들은 큰 애들에게 옷을 사줄 돈이 거의 없다.
☞ genug, um … zu-부정사: …하기에 충분한(↑ S. 27)

Und die meisten Armen […] **haben** keine Schule **besuchen können**.
그리고 대부분의 가난한 사람들은 학교에 다닐 수 없었다.
☞ 현재완료형에서 화법조동사 können의 과거분사형(gekonnt)이 können으로 대체된 경우

Wenn wenigstens jede Familie ein Stückchen Land **besäße** […]!
적어도 가구마다 한 줌의 땅이라도 가지고 있다면!
☞ besäße는 besitzen의 접속법 II식 형태로 wenn과 결합하여 비현실적인 소망을 나타내고 있음(↑ S. 47).

Nein, **damit wollen** die meisten Touristen **nichts zu tun haben**.
아니, 대부분의 관광객들은 이를 모른 척하고 싶어한다.
☞ mit et. zu tun haben 무엇과 관계 있다/ mit et. nichts zu tun haben 무엇과 아무 상관이 없다/ mit et. nichts zu tun haben wollen 무엇에 아랑곳하지 않다, 무엇을 모른 체하다

Dann **bekommen** sie ein paar Münzen **geschenkt** (= Dann schenken Ihnen die Reichen ein paar Münzen), 그러면 그들은 동전 몇 닢을 구걸받고
☞ bekommen … geschenkt는 소위 '수혜자 수동형'

Sie haben alle Hoffnung verloren, dass **es** je anders werden könnte.
그들은 언젠가 달라질 수 있을 것이라는 희망을 잃어 버렸다.
☞ es는 비인칭주어로 막연한 상황을 의미함.

Sie [...] haben **nichts** an **als** zerlumpte Hosen.
그들은 너덜너덜한 바지 이외에 아무것도 입고 있지 않다.

Und noch **ehe** (= bevor) sich der Kirchendiener von seiner Verblüffung erholt hat,
그리고 교회 관리인이 당혹스러움으로부터 미처 정신을 차리기도 전에

Wir schenken dir dafür **alles**, **was** wir hier im Sack haben.
대신 우리가 당신에게 여기 배낭에 들어 있는 모든 것을 드릴게요.
☞ was는 alles에 연결되는 관계대명사(↑ S. 13)

Er schreit es **immer lauter**, **je näher** sie dem Portal kommen.
문 쪽에 가까워 올수록 그 아이는 점점 더 크게 소리친다.
☞ immer + 비교급: 점점 더 …하다

Pablito, **hör auf** zu schreien, er ist nicht da!
파블리토, 그만 소리쳐라, 그 분은 계시지 않아!
☞ hör auf는 aufhören의 명령형으로 zu schreien을 목적어로 취하고 있음.

Was für ein Spektakel in der Kirche, **was für eine** lästige und peinliche Störung der Heiligen Messe!
교회에서 이 무슨 난장판이란 말인가, 어떻게 이토록 불쾌하고 고약하게 성스러운 미사를 방해한단 말인가!

6. Anekdote von der Senkung der Arbeitsmoral

Heinrich Böll

In einem Hafen an einer westlichen Küste Europas liegt ein ärmlich gekleideter Mann in seinem Fischerboot und döst. Ein schick angezogener Tourist legt eben einen neuen Farbfilm in seinen Fotoapparat, um das idyllische Bild zu fotografieren: blauer Himmel, grüne See mit friedlichen schneeweißen Wellenkämmen, schwarzes Boot, rote Fischermütze. Klick. Noch einmal: klick, und da aller guten Dinge drei sind und sicher sicher ist, ein drittes Mal: klick. Das spröde, fast feindselige Geräusch weckt den dösenden Fischer, der sich schläfrig aufrichtet, schläfrig nach seiner Zigarettenschachtel angelt; aber bevor er das Gesuchte gefunden hat, hat ihm der eifrige Tourist schon eine Schachtel vor die Nase gehalten, ihm die Zigarette nicht gerade in den Mund gesteckt, aber in die Hand gelegt, und ein viertes Klick, das des Feuerzeugs, schließt die eilfertige Höflichkeit ab. Durch jenes kaum messbare, nie nachweisbare Zuviel an flinker Höflichkeit ist eine gereizte Verlegenheit entstanden, die der Tourist — der Landes-

*Heinrich Böll (1917~1985): 날카로운 시대비판과 강렬한 참여정신을 보여준 소설가, 국제 PEN클럽 회장(1971~1974), 1972년 노벨상 수상. 대표작으로 *Der Zug war pünktlich* (1949), *Wo warst du Adam?* (1951), *Haus ohne Hüter* (1954), *Billard um halb zehn* (1959), *Ansichten eines Clowns* (1963) 등이 있음.

sprache mächtig — durch ein Gespräch zu überbrücken versucht.

«Sie werden heute einen guten Fang machen.»

Kopfschütteln des Fischers.

«Aber man hat mir gesagt, dass das Wetter günstig ist.»

Kopfnicken des Fischers.

«Sie werden also nicht ausfahren?»

Kopfschütteln des Fischers, steigende Nervosität des Touristen.

Gewiss liegt ihm das Wohl des ärmlich gekleideten Menschen am Herzen, nagt an ihm die Trauer über die verpaßte Gelegenheit.

«Oh, Sie fühlen sich nicht wohl?»

Endlich geht der Fischer von der Zeichensprache zum wahrhaft gesprochenen Wort über. «Ich fühle mich großartig», sagt er. «Ich habe mich nie besser gefühlt.» Er steht auf, reckt sich, als wolle er demonstrieren, wie athletisch er gebaut ist. «Ich fühle mich phantastisch.»

Der Gesichtsausdruck des Touristen wird immer unglücklicher, er kann die Frage nicht mehr unterdrücken, die ihm sozusagen das Herz zu sprengen droht: «Aber warum fahren Sie dann nicht aus?»

Die Antwort kommt prompt und knapp. «Weil ich heute morgen schon ausgefahren bin.»

«War der Fang gut?»

«Er war so gut, dass ich nicht noch einmal auszufahren brauche, ich habe vier Hummer in meinen Körben gehabt, fast zwei Dutzend Makrelen gefangen ...»

Der Fischer, endlich erwacht, taut jetzt auf und klopft dem Touristen beruhigend auf die Schultern. Dessen besorgter Gesichtsausdruck erscheint ihm als ein Ausdruck zwar unangebrachter, doch rührender Kümmernis.

«Ich habe sogar für morgen und übermorgen genug», sagte er, um des Fremden Seele zu erleichtern. «Rauchen Sie eine von meinen?»

«Ja, danke.»

Zigaretten werden in die Münder gesteckt, ein fünftes Klick, der Fremde setzt sich kopfschüttelnd auf den Bootsrand, legt die Kamera aus der Hand, denn er braucht jetzt beide Hände, um seiner Rede Nachdruck zu verleihen.

«Ich will mich ja nicht in Ihre persönlichen Angelegenheiten mischen», sagte er, «aber stellen Sie sich mal vor, Sie führen heute ein zweites, ein drittes, vielleicht sogar ein viertes Mal aus und Sie würden drei, vier, fünf, vielleicht sogar zehn Dutzend Makrelen fangen ... stellen Sie sich das mal vor.»

Der Fischer nickt.

«Sie würden», fährt der Tourist fort, «nicht nur heute, sondern morgen, übermorgen, ja, an jedem günstigen Tag zwei-, dreimal, vielleicht viermal ausfahren — wissen Sie, was geschehen würde?»

Der Fischer schüttelt den Kopf.

«Sie würden sich in spätestens einem Jahr einen Motor kaufen können, in zwei Jahren ein zweites Boot, in drei oder vier Jahren könnten Sie vielleicht einen kleinen Kutter haben, mit zwei Booten oder dem Kutter würden Sie natürlich viel mehr fangen — eines Tages würden Sie zwei Kutter haben, Sie würden ...», die Begeisterung verschlägt ihm für ein paar Augenblicke die Stimme, «Sie würden ein kleines Kühlhaus bauen, vielleicht eine Räucherei, später eine Marinadenfabrik, mit einem eigenen Hubschrauber rundfliegen, die Fischschwärme ausmachen und Ihren Kuttern per Funk Anweisungen geben. Sie könnten die Lachsrechte erwerben, ein Fischrestaurant eröffnen, den Hummer ohne Zwischenhändler direkt nach Paris exportieren — und dann ...», wieder verschlägt die Begeisterung dem Fremden die Sprache. Kopfschüttelnd, im tiefsten Herzen betrübt, seiner Urlaubsfreude schon fast verlustig, blickt er auf die friedlich hereinrollende Flut, in der die ungefangenen Fische munter springen. «Und dann», sagt er, aber wieder verschlägt ihm die Erregung die Sprache.

Der Fischer klopft ihm auf den Rücken, wie einem Kind, das sich verschluckt hat. «Was dann?», fragt er leise.

«Dann», sagt der Fremde mit stiller Begeisterung, «dann könnten Sie beruhigt hier im Hafen sitzen, in der Sonne dösen — und auf das herrliche Meer blicken.»

«Aber das tu ich ja schon jetzt», sagt der Fischer, «ich sitze beruhigt am Hafen und döse, nur Ihr Klicken hat mich dabei gestört.»

Tatsächlich zog der solcherlei belehrte Tourist nachdenklich von dannen, denn früher hatte er auch einmal geglaubt, er arbeite, um eines Tages einmal nicht mehr arbeiten zu müssen, und es blieb keine Spur von Mitleid mit dem ärmlich gekleideten Fischer in ihm zurück, nur ein wenig Neid.

Strukturen

Klick. Noch einmal: klick, und **da** aller guten Dinge drei *sind* und sicher sicher *ist*, ein drittes Mal: klick. 찰칵. 한 번 더 찰칵. 그런데 좋은 것은 언제나 세 개이고, 확실한 게 확실한 거니까, 세 번째로 찰칵.

☞ da는 이유를 나타내는 접속사이므로 동사가 후치되었음(↑ S. 21).

Das spröde, fast feindselige Geräusch weckt den dösenden Fischer, **der** sich schläfrig aufrichtet, schläfrig nach seiner Zigarettenschachtel angelt.

거칠면서도 거의 증오스럽기까지 한 소리가 꾸벅꾸벅 졸고 있던 어부를 깨운다. 그는 졸면서 일어나더니 졸면서 자신의 담뱃갑을 찾아 헤맨다.

☞ der 이하의 절은 den dösenden Fischer를 수식하는 관계절(↑ S. 5)

aber **bevor** er das Gesuchte gefunden hat, hat ihm der eifrige Tourist schon eine Schachtel vor die Nase gehalten. 그러나 그가 찾고 있던 것을 발견하기도 전에 그 열성적인 관광객이 벌써 그 어부의 코 앞에 담뱃갑을 갖다 댔다.

die der Tourist — der Landessprache mächtig — durch ein Gespräch **zu überbrücken versucht**.

그 관광객은 — 이 지역 언어를 구사할 수 있기에 — 그것을(= 곤란한 상황을) 대화를 통해 만회해 보려고 한다.

☞ die는 eine gereizte Verlegenheit를 가리키는 4격 관계대명사(↑ S. 5)

Er steht auf, reckt sich, **als wolle** er demonstrieren (= *als ob* er demonstrieren *wolle*), wie athletisch er gebaut ist.

그는 일어나서, 마치 자신의 체격이 얼마나 다부진지 과시하려는 것처럼 기지개를 켠다.

☞ wolle는 wollen 동사의 접속법 I식 형태(↑ S. 41)

Er (= Der Fang) war **so** gut, **dass** ich nicht noch einmal auszufahren brauche.

어획이 매우 좋아서 나는 한 번 더 나갈 필요가 없어요.

Kopfschüttelnd, im tiefsten Herzen **betrübt**, seiner Urlaubsfreude schon fast verlustig, blickt er auf die friedlich hereinrollende Flut. 머리를 가로저으며 마음 속 깊이 슬퍼하면서, 벌써 휴가의 기쁨을 거의 잃어버린 채, 그는 평화롭게 밀려오는 파도를 바라본다.

☞ Kopfschüttelnd는 현재분사형, im tiefsten Herzen betrübt는 과거분사 구문(↑ S. 34)

denn früher hatte er auch einmal geglaubt, er arbeite, um eines Tages einmal **nicht** mehr arbeiten zu **müssen**, (…) 왜냐하면 일찍이 그도 언젠가는 더 이상 일할 필요가 없도록 (열심히) 일할 거라고 생각했기 때문이다.

☞ müssen 동사가 nicht, kein 등의 부정어와 결합되면 '…할 필요가 없다'는 뜻이 됨.

7. Das Volk der Mäuse
Eine moderne Fabel über die soziale Marktwirtschaft

Früher hatten die schwarzen, grauen und weißen Mäuse einen König. Doch der König hatte ganz schrecklich regiert. Sie wollten ihn nicht mehr und jagten ihn aus dem Land. Dann war ein großer Krieg. Die schwarzen, grauen und weißen Mäuse konnten sich nicht mehr leiden. Sie kämpften so lange gegeneinander, bis sie keine Kraft mehr hatten. Dann teilten sie das Land in drei Teile, und jedes Volk hatte seine eigene Wirtschaftsordnung.

Die weißen Mäuse waren sehr idealistisch. Niemand sollte etwas privat besitzen. Deshalb gründeten sie ein Planungskomitee. Die Minister planten, welche und wie viel Nahrung man für den Winter sammeln musste. Sie organisierten auch den Bau der Höhlen und Gänge, in denen die Mäusefamilien ihre Wohnungen hatten. Schließlich teilten sie auch den Familien ihre Höhlen zu.

Die schwarzen Mäuse dagegen wollten frei von jeder Planung sein. Jede Mäusefamilie gründete ihr eigenes Unternehmen. Sie bildeten Lebensmittel-Firmen und Bau-Firmen. Sie hatten sogar Erfinder, die aus den Früchten und Kräutern leckere Puddings und Gelees bereiteten und diese den anderen Mäusen verkauften. Die Bau-Firmen bauten exklusive beheizbare Höhlen mit bequemen Schlafplätzen für den Winter und gemütlichen Speisekammern.

Die weißen Mäuse waren bald sehr unglücklich. Sie beobachteten die schwarzen Mäuse, die immer reicher wurden. Sie wollten auch köstliche Gerichte in ihren Speisekammern haben und wünschten sich angenehmere Schlafplätze in ihren Höhlen. Einige weiße Mäuse versuchten zu den schwarzen Mäusen zu fliehen. Aber die weißen Mäuse-Minister errichteten sofort eine Grenze. Niemand durfte zu den schwarzen Mäusen. Wer es versuchte, den brachten sie in ein dunkles, feuchtes Mäuse-Gefängnis.

Die weißen Mäuse hatten bald keine Lust mehr, füreinander zu arbeiten. Die Höhlen, die sie gebaut hatten, und die Nahrung, die sie gesammelt hatten, waren ja nicht ihr Privatbesitz. Also waren ihnen die Höhlen und Speisen egal. Sie bauten schlechte Höhlen. Oft zerstörte Wind und Wetter den Bau, der dann zusammenstürzte. Viele Mäuse starben dabei. Zum Essen hatten sie bald nur noch Getreide. Keiner hatte Lust, für alle anderen süße Früchte zu sammeln. Wer sich diese Mühe gemacht hatte, der hatte ja nur eine Frucht bekommen. Die anderen Früchte hatte er den anderen abgeben müssen.

Die schwarzen Mäuse aber waren auch nicht alle glücklich. Bald hatten die stärksten Mäusefamilien große Unternehmen. Sie waren reich. Die schwachen Mäuse mussten bei ihnen für wenig Lohn arbeiten. Nach einigen Jahren hatten drei Unternehmer-Mäuse alle Wiesen und Felder in ihrem Besitz. Sämtliche Mäusehöhlen gehörten fünf anderen Unternehmer-Mäusen. Die Unternehmer-Mäuse hatten sich riesige Schloss-Höhlen bauen lassen mit vielen großen Räumen und Tausenden von Speisekammern mit den besten Spezialitäten.

Die armen Arbeiter-Mäuse aber wohnten in winzigen Höhlen und mussten schrecklich viel Miete dafür bezahlen. Sie hatten nur einfaches Getreide in ihren Speisekammern, das nicht viel besser war als die Nahrung der weißen Mäuse. Arbeitslose Mäuse, kranke Mäuse, alte Mäuse, allein erziehende Mäuse oder Mäusefamilien mit vielen Kindern konnten kaum überleben. Viele hatten gar kein Dach mehr über dem Kopf. So wurden sie Spielzeug für Katzen und Vögel.

Was aber passierte bei den grauen Mäusen? Auch bei ihnen bildeten sich reiche Mäuse-Unternehmen. Natürlich gab es auch hier bald Arbeiter-Mäuse, alte Mäuse, arbeitslose Mäuse, kranke Mäuse, allein erziehende Mäuse und Mäusefamilien mit vielen Kindern. Aber diese Mäuse waren nicht so arm wie die schwarzen Mäuse.

Die Arbeiter schützten sich durch Gewerkschaften. Sie kämpften für gute Tarifabschlüsse. So hatten die Arbeiter immer genug Lohn für ihre Arbeit. Sie konnten sich eine hübsche kleine Höhle leisten und hatten auch reichlich und gut zu essen.

Sie hatten außerdem ein Sozialkomitee. Dieses Komitee forderte von den Unternehmer-Mäusen und den Arbeiter-Mäusen Steuern ein und gründete Versicherungen. So hatten die alten Mäuse ihre Rente, die arbeitslosen Mäuse Arbeitslosenhilfe, die kranken Mäuse eine Krankenversicherung, allein erziehende Mäuse und Mäusefamilien mit vielen Kindern staatliche Hilfen und eine Sozialwohnung. Ganz arme Mäuse konnten von der Sozialhilfe leben. Zwar schimpften die Unternehmer- und die Arbeiter-Mäuse über diese Abgaben für die Armen, Kranken und Alten, aber in diesem Land waren die Mäuse wohlhabend.

Strukturen

Die schwarzen, grauen und weißen Mäuse konnten **sich** nicht mehr leiden.
검은 쥐, 회색 쥐, 흰 쥐들은 더 이상 서로를 견딜 수 없었다.
☞ sich는 4격 재귀대명사

Die Minister planten, **welche** und **wie viel** Nahrung man für den Winter sammeln musste.
장관들은 겨울을 대비해서 어떤 식량과 얼마만큼의 식량을 모아야 하는지를 계획했다.
☞ welche는 의문대명사, wie viel은 의문부사

Die schwarzen Mäuse dagegen wollten **frei von** jeder Planung sein.
반면 검은 쥐들은 어떤 계획도 세우려고 하지 않았다.

Wer es versuchte, **den** brachten sie in ein dunkles, feuchtes Mäuse-Gefängnis.
이런 시도를 했던 쥐들을 그들은 어둡고 칙칙한 쥐들의 감옥에 투옥시켰다.
☞ 관계절이 목적어가 되므로 4격 지시대명사 den으로 받음(↑ S. 22).

Die weißen Mäuse hatten bald keine Lust mehr, füreinander **zu arbeiten**.
흰 쥐들은 더 이상 서로를 위해 일하고 싶지 않았다.

☞ füreinander zu arbeiten은 keine Lust를 수식하는 부정사구

Wer sich diese Mühe gemacht hatte, **der** hatte ja nur eine Frucht bekommen.
이런 수고를 했던 이들은 단지 과일 하나만을 받았을 뿐이다.
☞ 관계절이 주어가 되어 1격 지시대명사 der로 받음(↑ S. 22).

Die Unternehmer-Mäuse hatten sich³ riesige Schloss-Höhlen bauen **lassen**.
기업가 쥐들은 거대한 궁궐 동굴을 짓게 하였다.
☞ sich는 소유의 3격. 과거완료형에서 lassen이 부정형을 취하는 사역동사이므로 과거분사 gelassen 대신 대체부정사 lassen이 쓰임.

Sie hatten nur einfaches Getreide in ihren Speisekammern, das **nicht** viel **besser** war **als** die Nahrung der weißen Mäuse.
그들은 식량창고에 흰 쥐의 식량보다 그리 나을 것도 없는 평범한 곡식만 가지고 있었다.

Die Arbeiter **schützten sich** durch Gewerkschaften.
노동자들은 노동조합을 통해서 자신들을 지켜냈다.
☞ 일반적으로 타동사가 재귀대명사와 결합되면 자동사화되거나 수동의 뜻을 갖지만, 이 경우는 4격 목적어로 직역하는 것이 더 적절함.
(비교) Die Welt verändert sich immer schneller. 세상이 점점 더 빠르게 변하고 있다.

Zwar schimpften die Unternehmer- und die Arbeiter-Mäuse über diese Abgaben für die Armen, Kranken und Alten, **aber** in diesem Land waren die Mäuse wohlhabend.
기업가 쥐들과 노동자 쥐들이 가난한 쥐, 병든 쥐, 늙은 쥐들을 위해 내야 하는 이러한 공과금에 대해 불평하기는 했지만, 이 나라의 쥐들은 유복했다.

Dritter Teil

1. Kultur und Politik in Deutschland

Kai Köhler

Literatur, Musik, Philosophie, Malerei: alles ist durch Geschichte und Gesellschaft bestimmt. Es gibt keine ewigen Wahrheiten. Jeder, der philosophiert oder schreibt oder komponiert, beschäftigt sich mit den Problemen seiner Gegenwart.

Das gilt auch für die berühmten Deutschen wie Goethe[1] und Brecht[2], Hegel[3] und Adorno[4], Beethoven[5] und Schönberg.[6] Man kann ihre Werke nur verstehen, wenn man ihre Zeit versteht.

1) Deutschland hat viele Zentren

Deutschland ist eine junge Nation, verglichen mit seinen westlichen Nachbarn. Im 16.

*Kai Köhler (1964~): 서울대 독어독문학과 객원교수.

[1] Johann Wolfgang von Goethe (1749~1832): 독일의 작가.

[2] Bertolt Brecht (1898~1956): 독일의 극작가.

[3] Georg Wilhelm Friedrich Hegel (1770~1831): 독일의 철학자.

[4] Theodor Adorno (1903~1969): 독일의 철학자, 사회학자.

[5] Ludwig van Beethoven (1770~1827): 독일의 작곡가.

[6] Arnold Schönberg (1874~1951): 오스트리아의 작곡가.

und 17. Jahrhundert bildeten sich in Frankreich und England große Staaten. Die Hauptstädte Paris und London waren die Zentren von Politik und Kultur. Das englische Bürgertum hatte 1689 die Macht der Könige begrenzt, in Frankreich hatte der König bis zur Revolution im Jahre 1789 die absolute Macht.

In Deutschland war die Lage anders. Es gab zwar bis 1806 einen Kaiser, aber er hatte keinen großen Einfluss. Sein Kaiserreich bestand aus hunderten von Staaten. In manchen von ihnen regierten Fürsten, manche Städte waren selbstständig. Andere Gebiete gehörten der katholischen Kirche, und Bischöfe regierten als Fürsten. Kein Politiker dachte an ein deutsches Interesse, sie fühlten sich auch nicht als Deutsche. Man empfand sich noch im 18. Jahrhundert als Frankfurter oder als Hamburger, als Protestant oder als Katholik — aber nicht als Deutscher.

Was hieß das für die Kultur? Es gab mehrere Zentren. Viele einzelne Fürsten förderten die Künste, und oft lebten Dichter oder Musiker in kleinen Städten. Das hat einen Vorteil: Man konnte fast überall in Deutschland Theater und Opern finden, man konnte Künstler und Intellektuelle finden. Noch heute sind Kultur und Wissenschaft nicht nur in der Hauptstadt Berlin konzentriert. Jedes Bundesland hat seine eigene Kulturhoheit, unabhängig von der Bundesregierung. Es hat aber auch einen Nachteil: Politische Macht und kulturelle Diskussion bleiben getrennt. Es gibt nicht den einen Ort, an dem Entscheidungen fallen. Auch das war und ist wichtig für das Verhältnis von Politik und Kultur.

2) Die deutsche Idee einer autonomen Kunst

In Europa der Neuzeit entstand seit 1500 erst sehr langsam eine autonome Kunst. Deutschland beteiligte sich an dieser Entwicklung nur spät, denn lange Zeit war die Gesellschaft nicht so modern wie die in Westeuropa. In Westeuropa war das Bürgertum stark, und so kam es zu Revolutionen. Die Französische Revolution ab 1789 verlief sehr gewaltsam. Darum waren bald auch die fortschrittlichen unter den deutschen Intellektuellen gegen die Revolution. Schiller entwickelte in seinen Briefen *Über die ästhetische Erziehung des Menschen*[7] eine andere Idee: Erst muss der einzelne Mensch sich verbessern, erst danach ist eine politische Veränderung möglich. Mittel der Veränderung ist aber die Kunst. Die Kunst sollte ein Spiel ohne Zweck sein. Gerade dadurch aber sollte der Zweck erreicht werden, den Menschen zu erziehen.

Schillers Gedanken waren sehr einflussreich, auch wenn er oft missverstanden wurde. Im 19. Jahrhundert wurde er noch höher geschätzt als Goethe. Viele Bürger im frühen 19. Jahrhundert wollten ein geeintes, demokratisches Deutschland, und sie waren Gegner der Fürsten, die ihre einzelnen Staaten diktatorisch regierten. Die Feiern zu Schillers 100. Geburtstag wurden 1859 zu einer Demonstration des Freiheitswillens.

Der preußische Politiker Bismarck[8](Kanzler 1862~1890) aber vereinigte Deutschland durch eine Reihe von Kriegen(1862~1871). Damit war ein wichtiges Ziel der Bürger erreicht, ein einiges Deutschland und damit ein großes einheitliches Wirtschaftsgebiet. Die Demokratie fanden sie nicht mehr so wichtig.

Die selbstständige Kunst sollte freies Denken ermöglichen. Aber die Wirkung war nicht so, wie Schiller es gehofft hatte. Für die Bürger wurde die Kunst nun zum Ersatz für freies Denken und politische Macht. Für die gesellschaftliche Entwicklung war das schlecht: Kaum jemand wehrte sich noch gegen die Macht von Adel und Militär. Für die Kunst und auch für die Wissenschaft war das gut, denn Kunst und Wissenschaft wurden zum Ersatz für politische Macht. Für Dichter und Musiker gab es viel Geld und gesellschaftliche Unterstützung, ebenso für die Universitäten: Vor dem Ersten Weltkrieg waren die deutschen Universitäten führend in der Welt.

3) Die Musik — eine deutsche Kunst?

Die deutsche Musik ist in vielen Ländern der Welt bekannt. Man kann Musik weltweit hören, ohne eine Sprache zu lernen. Aber auch die Musik hängt mit Geschichte zusammen.

Im späten 18. Jahrhundert entstand bei bürgerlichen Intellektuellen ein neues Bild von Geschichte: Geschichte erschien nun als von Veränderungen bestimmt. Das war gegen die Fürstenherrschaft gerichtet: Die Mächtigen wollten zeigen, dass auf der Welt

---

[7] 『인간의 미적 교육에 대하여』(1794/5): Schiller의 저술.

[8] Otto von Bismarck (1815~1898): 독일의 정치가.

nichts anderes möglich war. Die Oppositionellen wollten zeigen, dass es Neues geben konnte. Gleichzeitig entwickelte Joseph Haydn[9] die Gattung Sinfonie und die Sonatenform. Das war ein ganz neuer Versuch, einen Fortschritt in der musikalischen Form zu komponieren.

Auch der Standort von Wolfgang Amadeus Mozart[10] ist geschichtlich bestimmt. Während früher Komponisten der Kirche oder einem Fürsten dienten, versuchte er als selbstständiger Künstler zu überleben. Das zeigt die wachsende Bedeutung des Bürgertums. Viele seiner Werke zeigen individuelle Gefühle, die es in früheren Kompositionen nicht gab. Ludwig van Beethoven war dann ein Anhänger der Französischen Revolution. In mehreren seiner Sinfonien sind Revolutionslieder verarbeitet.

In den Liedern und Kammermusikwerken von Franz Schubert[11] zeigt sich dann die Traurigkeit aus der Zeit nach 1815: Die Fürsten hatten mit Hilfe der Bevölkerung das napoleonische Frankreich besiegt. Ihre Versprechen, die Staaten zu demokratisieren, brachen sie aber. Jede Opposition wurde unterdrückt. In den frühen Klavierwerken des Romantikers Robert Schumann[12] wird der dumme Bürger verspottet, der sich nur um das eigene private Leben und nicht um Kunst und Fortschritt kümmert.

Der Opernkomponist Richard Wagner plante sein vierteiliges Musikdrama *Der Ring des Nibelungen*[13] vor 1848 als revolutionäres Werk. Der bürgerliche Revolutionsversuch von 1848 scheiterte aber: Die Bürger wollten zwar die Macht der Fürsten begrenzen, aber noch mehr Angst hatten sie vor den Bauern und Arbeitern, die ärmer waren als sie. Wagner, der als radikaler Revolutionär 1849 ins Schweizer Exil geflüchtet war, beendete den *Ring* erst 1874, und das Werk hatte sich sehr verändert: Wagner zeigte nun den Verzicht auf jede aktive Handlung.

Auch die Komponisten akzeptierten nach 1871 die gesellschaftlichen Verhältnisse. Das wichtigste musikalische Zentrum im deutschsprachigen Raum war schon seit Mozart Wien gewesen. Auch in Österreich hatte die Monarchie gesiegt und war die

---

[9] Franz Joseph Haydn (1732~1809): 오스트리아의 작곡가.

[10] Wolfgang Amadeus Mozart (1756~1791): 오스트리아의 작곡가.

[11] Franz Schubert (1797~1828): 오스트리아의 작곡가.

[12] Robert Schumann (1810~1856): 독일의 작곡가.

[13] 『니벨룽엔의 반지』(1876): Wagner의 가극.

Demokratisierung ausgeblieben. Komponisten wie Johannes Brahms[14] und Anton Bruckner[15] komponierten dort *absolute Musik*, das heißt Musik, deren Inhalt nur in ihrer Form liegt. Deshalb wurde ihre musikalische Technik immer perfekter. Gustav Mahler[16] knüpfte in seinen Werken an Bruckners monumentale Sinfonien an. Die Werke sollten die ganze Welt umfassen, so bezog Mahler Elemente von Unterhaltungsmusik und Militärmärschen ein. Um Gefühle immer genauer auszudrücken, führte er in seinen letzten Sinfonien seine Kompositionsmittel bis an die Grenze zur musikalischen Moderne.

Noch weiter ging Arnold Schönberg, der sich selbst als Konservativen sah. Sein Vorbild war Brahms. Schönberg übernahm dessen Methode, aus kleinen Motiven große Formen zu entwickeln, und er entwickelte die Methode konsequent weiter. Auch ihm ging es um den Ausdruck von Gefühlen. Indem er der Logik der musikalischen Motive folgte, verließ er immer mehr die traditionelle Harmonik. Er kam zur freien Atonalität und entwickelte um 1920 ein neues Kompositionssystem, die Zwölftontechnik. Schönbergs musikalische Revolution war radikal. Die Logik des musikalischen Materials führte zu der neuen Musik.

Der Erste Weltkrieg zerstörte die bürgerlichen und monarchischen Gesellschaften in Europa. Die neueste Technik war eingesetzt worden, um Millionen von Menschen zu töten. Deshalb war die Hoffnung auf den Fortschritt, wie es sie um 1900 gegeben hatte, zerstört. Die künstlerische Moderne, die auch das Negative und Hässliche zeigte, verbreitete sich. In der Musik gab es neben Schönbergs Zwölftontechnik auch Komponisten, die an klassische und vorklassische Methoden anknüpften (Paul Hindemith[17]) und andere, die die moderne Unterhaltungsmusik wie den Jazz einbezogen. Manche, wie Kurt Weill[18] in Zusammenarbeit mit dem Schriftsteller Bertolt Brecht, nutzten dies, um auch gesellschaftskritische Werke zu komponieren.

Dadurch wurde Musik zum politischen Kampffeld. Die politisch Rechten hatten sich

[14] Johannes Brahms (1833~1897): 독일의 작곡가.

[15] Anton Bruckner (1824~1897): 오스트리아의 작곡가.

[16] Gustav Mahler (1860~1911): 오스트리아의 작곡가, 지휘자.

[17] Paul Hindemith (1895~1963): 독일의 작곡가.

[18] Kurt Weill (1900~1950): 독일 출신의 미국 작곡가.

mit der Niederlage im Ersten Weltkrieg nicht abgefunden. Sie hassten die neue Republik. In der romantischen Musik hörten sie nur Gefühle, die sie als besonders tief und wertvoll retten wollten. Sie wollten und konnten nicht hören, dass die besten modernen Werke die Musik Brahms' oder auch Schumanns fortführten. Sie hielten Musik für eine besonders *deutsche* Kunst; sie sahen nämlich Deutschland in einem Gegensatz zu Frankreich, und Frankreich galt als besonders rational. Die Gefühle in der Neuen Musik konnten sie nicht verstehen und nachempfinden. Deshalb hielten sie die modernen Komponisten für Feinde der Nation.

Als 1933 die Macht an die Nationalsozialisten übergeben wurde, mussten fast alle wichtigen Komponisten ins Ausland fliehen. Davon hat sich die deutsche Musik bis heute nicht erholt.

4) Staat und Volk in der deutschen Kultur

Ein wichtiger Gegensatz in der deutschen Geschichte ist der Gegensatz zwischen Volk und Staat. Die Fürstenstaaten des 18. Jahrhunderts waren keine Nationen, sondern Eigentum der Herrscherfamilien. Durch Erbschaft oder Krieg wechselten Länder von einem Fürsten zum anderen. Die Einwohner hatten deshalb kein Nationalgefühl, sie konnten auch nicht mitbestimmen. Die Adligen orientierten sich an der französischen Kultur, häufig sprachen sie nicht einmal Deutsch.

Als nach 1806 französische Truppen Deutschland besetzt hatten und Napoleon eine moderne Verwaltung und moderne Gesetze einführte, erkannten viele deutsche Intellektuelle den Fortschritt. Goethe hatte als Minister in Weimar Erfahrungen in der Politik gesammelt und erkannte den Wert einer staatlichen Ordnung.

Andere Künstler und Intellektuelle wollten gegen die napoleonische Herrschaft kämpfen. Sie waren sehr nationalistisch. Sie hielten die Franzosen für oberflächlich und unmoralisch, die Deutschen aber für tief und moralisch. Die meisten Romantiker stellten das Volk in den Mittelpunkt. Allerdings änderte sich der Inhalt von *Volk*: Gemeint waren nicht mehr die rechtlosen Leute im Gegensatz zu den Fürsten, gemeint waren jetzt die Deutschen im Gegensatz zu den Ausländern. Ihr Vorbild war das deutsche Mittelalter; sie glaubten, dass es damals noch eine natürliche Gemeinschaft aller Menschen, ohne den

Staat, gegeben hätte.

Nach dem Sieg über Napoleon wurden die Nationalisten unterdrückt; die Fürsten wollten alleine regieren und kein Volk sollte mitbestimmen. Manche Autoren distanzierten sich von jeder Politik. Der alte Goethe blieb mit seiner Idee von einer *Weltliteratur* isoliert. Kulturell blieb die Mischung aus nationalistischen und demokratischen Forderungen vorherrschend.

Grundlegend veränderte sich die Lage erst 1871. Nicht das Volk, sondern der preußische Staat hatte die deutsche Einigung geschaffen. Die Nationalisten sahen eine ihrer Forderungen erfüllt und verbündeten sich mit dem neuen Staat. Auf andere Länder blickten sie mit Verachtung. Politisch liegen in dieser Zeit die Anfänge des deutschen Sozialstaats. Um die radikale Linke zu bekämpfen, erfand der preußisch-deutsche Staat ein Sozialversicherungssystem.

Die Nationalisten hatten das Kaiserreich unterstützt und hatten 1918 ihren idealen Staat verloren. Was sollten sie tun? Wenige blieben dem Staat treu und unterstützten die Weimarer Demokratie. Viele hofften, irgendwann die Monarchie wieder einführen zu können — vor allem die Älteren. Die Jüngeren hatten in den Kämpfen des Krieges die Gemeinschaft des Volkes erlebt und waren vom Militär geprägt. Sie wollten eine Volksgemeinschaft ohne die früheren Standesunterschiede zwischen Adligen, Bürgern, Arbeitern und Bauern. Sie wollten aber auch keine Demokratie, sondern eine klare Hierarchie von Befehlenden und Gehorchenden. Viele der Jüngeren wollten überhaupt keinen vernünftigen Staat mit seinen Gesetzen, sondern eine völkische Gemeinschaft, die einem Führer folgen sollte.

Die Nationalsozialisten unter Adolf Hitler konnten die konservativen und die technisch modernen Strömungen vereinigen. Sie lehnten die Weimarer Demokratie ab und wollten den Staat für ihre Interessen erobern. Im Mittelpunkt ihrer Propaganda standen das Volk und eine Theorie über den unterschiedlichen Wert von Rassen. 1929 aber begann eine Weltwirtschaftskrise. Die Armen wurden noch ärmer, und viele wählten die Kommunisten. In dieser Situation beschlossen die wirtschaftlichen und politischen Eliten im Januar 1933, Hitler die Macht zu übergeben.

Die deutschen Faschisten ermordeten Millionen von Menschen und begannen einen Weltkrieg. Viele Deutsche beteiligten sich an den Verbrechen, viele blieben unpolitisch, aber viele andere waren Gegner der neuen Regierung. Tausende von Sozialdemokraten, Kommunisten und Christen leisteten Widerstand, litten in Gefangenschaft oder kamen ums Leben. Viele andere Gruppen wurden verfolgt: Juden, die systematisch ermordet wurden, oder auch sexuell Abweichende wie Homosexuelle.

Wie reagierten die Künstler? Fast alle bedeutenden Musiker und Schriftsteller mussten ins Ausland fliehen. Sogar bedeutende Autoren der politischen Rechten wie Ernst Jünger wollten das Regime nicht unterstützen. Mit wenigen Ausnahmen sind die Intellektuellen, die sich auf die Seite der Faschisten stellten, heute vergessen.

1945 hatte Deutschland den Zweiten Weltkrieg verloren. Wieder einmal kam von außen der Zwang zur Modernisierung. In Ost- und Westdeutschland wurden 1949 Staaten gebildet, die sich auf vernünftige Herrschaft gründeten und nicht auf volkhaftes Gefühl. Doch die Propaganda aus zwölf Jahren Faschismus war noch wirksam. Die Kultur und der Alltag in Ost und West blieben lange Zeit von der Vergangenheit beeinflusst.

Das begann sich erst um 1960 zu ändern. Dabei wirkten in beiden Teilen Deutschlands auch viele Schriftsteller mit, die im nächsten Abschnitt vorgestellt werden. Langsam entstanden moderne Gesellschaften, und alte Ideologien wie der Nationalismus wurden schwächer.

Als Deutschland 1990 wieder vereinigt wurde, war darum der Unterschied zum Deutschland vor 1945 groß. Trotzdem sind die Probleme nicht überwunden. Manche Deutsche erkennen Einwanderer und ihre Kinder nicht als gleichberechtigte Staatsbürger an; sie achten auf biologische Herkunft und nicht auf politische Zugehörigkeit. Manche Politiker nutzen diese Meinungen aus, um Wahlen zu gewinnen. Manche Schriftsteller wie Martin Walser[19] verbreiten nationalistische Ideologien.

5) Demokratische Intellektuelle

Als nach 1815 auf der einen Seite die Diktatur der Fürsten herrschte und auf der anderen Seite Nationalisten das deutsche Volk propagierten, gab es auch fortschrittliche Dichter.

[19] Martin Walser (1927~): 독일의 작가.

Der radikalste und wichtigste dieser Autoren war Georg Büchner.[20] Sein Drama *Woyzeck*[21] zeigt, wie wichtig Ungleichheiten im Besitz sind und dass bürgerliche Moral etwas für die Reichen ist.

Nach Anfängen als romantischer Dichter wurde Heinrich Heine[22] auch politischer Publizist. Von der Zensur verfolgt, lebte er seit 1831 meist in Paris. Dadurch brachte er Erfahrungen aus einem damals fortgeschritteneren Land nach Deutschland. Er verhöhnte die Hoffnungen der deutschen bürgerlichen Demokraten. Noch folgenreicher waren die Gedanken von zwei anderen Flüchtlingen aus Deutschland, Karl Marx[23] und Friedrich Engels.[24] In England sahen sie die sozialen Folgen der Industrialisierung. Darum wussten sie, was bald in Deutschland geschehen würde. Sie untersuchten, wie der Kapitalismus funktioniert, und sie hofften, dass die Arbeiter eine Revolution machen würden. Im 20. Jahrhundert sollten sich Revolutionäre in der ganzen Welt auf ihre Gedanken stützen, und noch heute ist ihre Analyse lehrreich.

Die gescheiterte Revolution von 1848 und die undemokratische nationale Einigung von 1871 zerstörten die fortschrittliche Opposition. Politisch gab es aber Widerstand, immer mehr Arbeiter organisierten sich in der Sozialdemokratie. Kulturell aber gab es fast nur Zustimmung zum Kaiserreich. Friedrich Nietzsche[25] entwickelte dagegen eine völlig neue Philosophie. Er analysierte die heuchlerische bürgerliche Moral und war gegen die Religion. Er wollte Umwertung aller Werte.

In ganz Europa glaubten die Bürger im späten 19. Jahrhundert an den Fortschritt. Die deutschen Universitäten gehörten schon damals zu den besten der Welt, Deutsch war die wichtigste Wissenschaftssprache. Aber der Erste Weltkrieg zeigte dann die Zerstörungskraft der technischen Moderne. Schon in den Jahren zuvor hatten Künstler die Bedrohung gespürt. In Deutschland waren es die Expressionisten, die dieses Gefühl der Bedrohung gestalteten. In Prag, das damals von Österreich aus regiert wurde, lebte

[20] Georg Büchner (1813~1837): 독일의 극작가.

[21] 『보이체크』(1879): Büchner의 희곡.

[22] Heinrich Heine (1797~1856): 독일의 시인.

[23] Karl Marx (1818~1883): 독일의 철학자.

[24] Friedrich Engels (1820~1895): 독일의 철학자.

[25] Friedrich Nietzsche (1844~1900): 독일의 철학자.

Franz Kafka.[26] In seinen Romanen und Erzählungen kämpfen einzelne Menschen gegen eine unverständliche Bürokratie, eine total entfremdete Welt überhaupt.

Viele Künstler begrüßten den Kriegsbeginn von 1914: Er schien eine Befreiung von dem langweiligen bürgerlichen Leben. 1918 war fast kein moderner Künstler mehr für den Krieg. Die Revolution von 1918 stürzte die Monarchen in Deutschland und Österreich, aber die wirtschaftliche, militärische und bürokratische Herrschaft blieb erhalten. Darum waren die Ursachen des Krieges nicht beseitigt. Viele Leute verstanden aber, dass Kapitalismus und Imperialismus für den Krieg verantwortlich waren. Sie wurden radikale Linke. Der wichtigste Schriftsteller unter ihnen ist Bertolt Brecht. Literatur war für Brecht kein Spiel ohne Zweck, sondern eine Methode der Erkenntnis. Die Erkenntnis hatte ein Ziel: die politische Praxis, die Veränderung der Welt. Das unterscheidet ihn von den Klassikern Goethe und Schiller und ihrer Idee einer autonomen Kunst.

Aber auch liberale, bürgerliche Schriftsteller beteiligten sich an dem Kampf für eine bessere Gesellschaft. Heinrich Mann[27] war schon vor dem Ersten Weltkrieg ein wichtiger Kritiker der Diktatur im Kaiserreich. Sein jüngerer Bruder Thomas Mann[28] war lange ein konservativer Autor. Nach dem Ersten Weltkrieg wurde er aber zu einem Verteidiger der Weimarer Republik. Im Exil nach 1933 wurde er zu einem der schärfsten Kritiker der deutschen Politik. In dem Roman *Doktor Faustus*[29] schrieb er über die Widersprüche der deutschen Kultur und besonders der deutschen Musik.

1933 übergaben die wirtschaftlichen und politischen Eliten Deutschlands die Macht an die NSDAP und ihren Führer Adolf Hitler. Viele Deutsche unterstützten die neue Regierung, weil sie Ordnung wollten. Dafür akzeptierten sie auch eine Diktatur. Nach anfänglichen wirtschaftlichen und militärischen Erfolgen war wohl eine Mehrheit für Hitler; als 1943 klar wurde, dass Deutschland auch den Zweiten Weltkrieg verlieren würde, sicherte Terror Hitlers Macht. Die Nazis unterdrückten jede fortschrittliche Kunst. Die besten deutschen Künstler und Wissenschaftler flohen 1933 ins Ausland — von

---

[26] Franz Kafka (1883~1924): 체코 출신의 오스트리아 작가.

[27] Heinrich Mann (1871~1950): 독일의 소설가.

[28] Thomas Mann (1875~1955): 독일의 소설가.

[29] 『파우스트 박사』(1947): Th. Mann의 소설.

diesem Verlust hat sich Deutschland bis heute nicht erholt.

Viele der Flüchtlinge wollten nicht in ein Land zurückkehren, das sie so schlecht behandelt hatte. Manche kamen zurück. In der kommunistischen DDR konnte Brecht seine Theaterarbeit fortsetzen. Trotz Schwierigkeiten mit der stalinistischen Kulturpolitik fand er viele Schüler. Sie wollten weder einen bürgerlichen Kapitalismus noch einen Stalinismus. Beim Zerfall der Diktatur in der DDR 1989 hofften sie auf einen besseren Sozialismus, der Anschluss an die BRD 1990 war eine Niederlage für sie.

In der Bundesrepublik wurde zwar der weltberühmte Thomas Mann gut aufgenommen, denn man wollte mit seinem Namen Politik machen. Aber die Gesellschaft blieb lange Zeit von den Nazi-Eliten beherrscht.

In den späten 50er Jahren durchbrachen junge Autoren die kulturelle Herrschaft der Konservativen. Zwei von ihnen, Heinrich Böll[30] und Günter Grass,[31] bekamen später (1972 und 1999) den Literaturnobelpreis (diesen Preis bekam auch 1981 der deutschsprachige Autor Elias Canetti,[32] der insbesondere in *Masse und Macht*[33] die Mechanismen von Herrschaft analysiert hatte).

Der Aufbruch der 60er Jahre, der zur fortschrittlichen Kanzlerschaft des Emigranten Willy Brandt[34](Kanzler 1969~1974) führte, blieb stecken. Der sozialdemokratische Kanzler Helmut Schmidt[35](Kanzler 1974~1982) suchte Frieden mit den wirtschaftlich Mächtigen, bis diese in dem CDU-Politiker Helmut Kohl[36](Kanzler 1982~1998) einen nützlicheren Politiker fanden. Aber auch Kohl fand sich einer kulturell starken Linken gegenüber, und die Gewerkschaften waren noch mächtig. So konnte er nicht so neoliberal handeln wie die britische Premierministerin Margaret Thatcher[37](1979~1990) oder der amerikanische Präsident Ronald Reagan[38](1981~1989). Der deutsche Sozial-

---

[30] Heinrich Böll (1917~1985): 독일의 소설가.

[31] Günter Grass (1927~2015): 독일의 소설가.

[32] Elias Canetti (1905~1994): 불가리아 출신의 오스트리아 작가.

[33] 『군중과 권력』(1960): Canetti의 에세이집.

[34] Willy Brandt (1913~1992): 독일의 정치가.

[35] Helmut Schmidt (1918~2015): 독일의 정치가, 경제학자.

[36] Helmut Kohl (1930~2017): 독일의 정치가.

[37] Margaret Thatcher (1925~2013): 영국의 정치가.

[38] Ronald Reagan (1911~2004): 미국의 정치가, 제40대 대통령.

staat blieb relativ lange erhalten, obwohl sozialistische Ideen nach der Niederlage der DDR 1989 keine Macht mehr hatten. Die jüngeren deutschen Schriftsteller sind wohl gegenüber einer radikal kapitalistischen Gesellschaft skeptisch. Aber nach der Niederlage des Sozialismus sind sie gegenüber jedem politischen Engagement genauso skeptisch. Deutsche Künstler heute zeigen, wie Neoliberalismus und Globalisierung die einzelnen Menschen zerstören. Bisher aber können sie nicht mehr, oder noch nicht, an eine andere Gesellschaft glauben.

Strukturen

Man kann ihre Werke **nur** verstehen, **wenn** man ihre Zeit versteht.
그 사람들이 살았던 시대를 이해할 때에만 그들의 작품을 이해할 수 있다.

Deutschland ist eine junge Nation, **verglichen** mit seinen westlichen Nachbarn (= *wenn* es … verglichen wird). 독일은 이웃한 서방국가들과 비교해서 볼 때 신진국가이다.
☞ 조건의 의미를 갖는 분사구문

Musikalische Gattungen, die **davon unabhängig** sind, wie die Sinfonie oder die Klaviersonate, gibt es erst seit wenigen hundert Jahren. 심포니나 피아노 소나타에서처럼, 이와 무관한 음악 장르들이 생겨난 것은 겨우 몇백 년 전의 일이다.
☞ von et. unabhängig sein 무엇의 영향을 받지 않다, 무엇에 좌우되지 않다 ↔ von et. abhängen (von et. abhängig sein) 무엇에 달려 있다(좌우되다)

Gerade dadurch aber sollte der Zweck erreicht werden, den Menschen **zu erziehen**.
하지만 바로 이것을 통해, 인간을 교육시키고자 하는 목표가 달성되어야 했다.
☞ zu 부정사 구문이 der Zweck을 수식함.

Schillers Gedanken waren sehr einflussreich, **auch wenn** er oft missverstanden wurde (= *obwohl/ obgleich* er … wurde).
쉴러가 종종 오해를 받긴 하였지만, 그의 사상은 많은 영향을 끼쳤다.
☞ auch, schon, gleich를 동반한 wenn 등의 의문사는 '비록 …이지만', '설령 …하더라도'의 뜻을 가짐 (↑ S. 22).

Während früher Komponisten der Kirche oder einem Fürsten dienten, versuchte er als selbständiger Künstler zu überleben.
이전에는 작곡가들이 교회나 제후에 봉사한 반면, 그는 독립적인 예술가로서 살아남고자 했다.
☞ während의 두 가지 용법

Während er arbeitete, sah sie fern.
그가 일을 하는 동안 그녀는 텔레비전을 보았다.
Ich habe mich gut unterhalten, *während* er sich gelangweilt hat.
그가 지루해했던 반면에 나는 무척 흥겨웠다.

Die anderen Dichter sagen mit ihrer Sprache, **was** sie sagen wollen.
다른 작가들은 그들이 말하려는 것을 그들의 언어로 말한다.
☞ was 이하의 관계절이 목적어로 쓰였음(↑ S. 12).

Mit wenigen Ausnahmen sind die Intellektuellen, die **sich auf die Seite** der Faschisten **stellten**, heute vergessen. 오늘날 몇몇을 제외하고는, 파시스트의 편에 섰던 지식인들이 잊혀진 상태이다.
☞ sich auf js. Seite stellen [auf js. Seite treten] 누구 편을 들다 / auf js. Seite sein [stehen] 누구 편이다

Der Aufbruch der 60er Jahre, der **zur** fortschrittlichen Kanzlerschaft des Emigranten Willy Brandt **führte**, blieb stecken. 망명자 빌리 브란트를 진보적인 수상의 자리에 오르게 했던 60년대의 각성은 (더 이상 발전하지 못하고) 정체되고 말았다.
☞ zu et. führen 무엇을 야기하다, 무엇에 이르게 하다

Aber auch Kohl **fand sich** einer kulturell starken Linken **gegenüber**.
하지만 콜도 문화적으로 강력한 좌익에 직면해 있었다.

2. Die Idee des Rechts im modernen Drama

Georg Jellinek

Je weiter wir nun in der Geschichte der modernen Zeit vorwörts schreiten, desto tiefer sinkt der Wert der bestehenden Ordnung in den Augen der Denker. Der moderne Mensch gleicht einem erwachenden Titanen, der sich in Banden findet und dieselben zu zersprengen trachtet. Die Ordnung wird von dem Menschen nur als Fessel empfunden. Das Gesetz wird zum Druck einer ihm fremden Macht. Die Selbstsucht der absoluten Staatsgewalt, die Willkür der Fürsten und der herrschenden Klassen, welche die Ordnung diktieren, erscheinen nun als Unterdrückung. In dem Menschen erwacht nun das Gefühl, dass die bestehende Rechtsordnung ihrem tiefsten Grund nach Unrecht ist, das nur Alter, Gewohnheit und Unverstand geheiligt haben. Es geht ihm der Gedanke auf, dass nicht die rohe Macht und kein fremdes Wesen, sondern die Vernunft, welche den Kern seines innersten Seins bildet, die Quelle des Rechtes sei. *Cogito ergo sum*, das vernünftige Denken ist der Grund meiner Existenz, ist die einzige absolute Gewissheit, die ich habe, so lautet der Satz, mit welchem die neue Philosophie beginnt. In der Vernunft wird die wahre Realität der Dinge gefunden, die Vernunft ist der Richterstuhl, vor dem sich alles

*Georg Jellinek (1851~1911): 독일의 법학자.

Bestehende rechtfertigen muss. Es gibt nun eine Ordnung der Dinge, welche vorerst nur von der Vernunft erzeugt ist und in der Vernunft ihren Sitz hat, welche aber als kategorische Forderung an die Staaten herantritt, sie als die einzige wahre Ordnung zu verwirklichen. Diese ideale Ordnung hat aber den einzigen Zweck, die ursprüngliche, von der Natur geschaffene Freiheit der Menschen, so weit als möglich, zu erhalten, und zwar wird diese Ordnung selbst als ein Produkt der Freiheit dargestellt. Denn die letzte Quelle des Rechts ist nach der neuen Anschauung die vernünftige Selbstbestimmung der Menschen. Nur durch den vernünftigen Willen aller kann das Recht geschaffen werden; die Gesetze sind Schranken, welche sich der freie Mensch selbst setzt. Dem neuen Rechtsgedanken erscheint die wahre Ordnung — die, weit davon entfernt, da zu sein, ein Problem geworden ist — als gewährende Macht, die das verleiht, was das geltende unvernünftige Recht versagt. Immer mehr und mehr tritt der Charakter des Rechts als Freiheit hervor; immer weiter treibt die Konsequenz der Freiheitsidee, so dass es zuletzt vor lauter Freiheit zu keinem Recht mehr kommt, und die absolute Anarchie, das Fehlen einer jeden bindenden Ordnung, ist die extremste Konsequenz der Rechtsidee, welche in dem großen Jahrhundert der Aufklärung und Revolution zur Reife gebracht wurde.

Die gewaltige Geistesbewegung der neuen Zeit hat ihre Wellen auch in die dramatische Literatur geworfen. Wenden wir uns zum deutschen Drama. Wenn der antike Dramatiker die Frage beantwortet: Was soll und muss der Mensch nach der herrschenden Ordnung tun? — so zeigt uns das deutsche Drama die Macht und die Kraft des Menschen, es versucht, das weite Reich der natürlichen Freiheit des Menschen darzustellen; die Frage, auf welche es die Antwort gibt, lautet: Was darf und kann der Mensch gegenüber der herrschenden Ordnung? Vorerst wird die Unvernünftigkeit und Unhaltbarkeit des Bestehenden aufgewiesen. Der Staat und die Gesellschaft, die uns aus den Dramen der siebziger und achtziger Jahre des achtzehnten Jahrhunderts entgegentreten, aus der *Emilia Galotti*,[1] aus dem *Götz*[2] und *Egmont*,[3] aus den *Räubern*,[4] aus

[1] 『에밀리아 갈로티』(1772): Lessing (1729~1781)의 희곡.

[2] 『괴츠 폰 베를리힝엔 *Götz von Berlichingen*』(1773): Goethe (1749~1832)의 희곡.

[3] 『에그몬트』(1788): Goethe의 희곡.

[4] 『도적떼 *Die Räuber*』(1781): Schiller (1759~1805)의 희곡.

Kabale und Liebe,[5] aus *Don Carlos*[6], sind schlecht geworden, ungerecht, tyrannisch, unvernünftig. Der Schrei, der aus ihnen leise zu hören ist oder mit Donnerstimme hervorbricht, ist in die letzten Worte des sterbenden Götz zusammengepresst: «Freiheit, Freiheit!» Das wahre, die Freiheit gewährende Recht ist noch nicht da, sondern es muss erst gefunden, erst geschaffen, erst erkämpft werden. Gesetz und Recht sind zur ewigen Krankheit geworden, die sich von Geschlecht zu Geschlecht forterbt; vom Recht, das mit der neuen Generation geboren ist, von dem ist keine Frage. Der Purpur des Fürsten ist nicht mehr ein Zeichen der höchsten Macht, das zu respektieren ist; in den Augen Verrinas war der erste Fürst ein Mörder und führte den Purpur ein, die Flecken seiner Tat in dieser Blutfarbe zu verstecken. Die obersten Schirmherren des Rechts in diesen Dramen sind Tyrannen oder Schurken; Philipp und Alba, der Landesvater, der seine Untertanen nach Amerika verkauft — oder die oberste Macht ist von verächtlicher Schwäche, wie die Reichsgewalt im *Götz*, wo der biedere Ritter allein dem kaiserlichen Feldhauptmann und seinen Truppen kühn die Stirn bietet. Das Gesetz, welches herrscht, drückt alles Große zur Erde nieder, erstickt den Keim des Ursprünglichen im Menschen. «Ich soll meinen Leib pressen in eine Schnürbrust», ruft Karl Moor aus, «und meinen Willen schnüren in Gesetze. Das Gesetz hat zum Schneckengang verdorben, was Adlerflug geworden wäre. Das Gesetz hat noch keinen großen Mann gebildet, aber die Freiheit brütet Kolosse und Extremitäten aus.» So wendet denn der Mensch seine Blicke von der erbärmlichen Gegenwart ab und lebt als Bürger einer fernen Zukunft, die sein Recht zur Wahrheit machen wird. Die ganze Kluft zwischen der rohen Welt des Unrechts da draußen und der Welt der Freiheit wird deutlich in dem politischen Glaubensbekenntnis des Marquis Posa: «Das Jahrhundert ist meinem Ideal nicht reif, ich lebe als ein Bürger derer, welche kommen werden.»

Wenn nun die den Menschen umgebende Ordnung des Staates und der Gesellschaft sich getrennt hat von der Idee des Rechts, wo findet er dieses wieder? In seiner eigenen Natur, die ihm unveräußerliche Rechte gegeben hat, welche keine Macht der Welt ihm nehmen kann. Kraft dieser natürlichen Rechte darf er der herrschenden Ordnung

---

[5] 『음모와 사랑』(1784): Schiller의 희곡.

[6] 『돈 카를로스』(1787): Schiller의 희곡.

entgegentreten, darf sie umschaffen zu der vernünftigen oder, wenn das nicht geht, die Forderung seines Rechtes durchsetzen ohne Rücksicht auf die herrschende Macht, ja im direkten Kampf mit ihr. So zieht Götz aus, sich selber das Recht zu verschaffen, das ihm kein Richter gibt, so wird Karl Moor zum Räuber, um gegen die Gesellschaft zu kämpfen, so sterben Carlos und Posa, für ihre großen Ideen fallend.

Der Mensch darf alles, was seine Freiheit ihm erlaubt, und diese hat nur natürliche und sittliche Schranken. Vor allem aber darf er diese Freiheit, auf der das Recht beruht, verwirklichen, er darf die Ordnung des Unrechts stürzen und die Freiheit an die Stelle der Tyrannei setzen. Er darf seine unveräußerlichen Rechte, die er immer behält, geltend und herrschend machen, er darf es unternehmen, Rechenschaft zu fordern von seinen Unterdrückern. Das ist die äußerste Forderung der neuen Rechtsidee, das Recht der Revolution, und auch dieses hat seine dichterische Verklärung im deutschen Drama gefunden in jenen Worten, die Stauffacher auf dem Rütli den neuen Eidgenossen zuruft:

Nein, eine Grenze hat Tyrannenmacht.
Wenn der Gedr ckte nirgends Recht kann finden,
Wenn die Last unerträglich wird — greift er
Hinauf getrosten Mutes in den Himmel
Und holt herunter seine ew'gen Rechte,
Die droben hangen unveräußerlich
Und unzerbrechlich, wie die Sterne selbst. —
Der alte Urstand der Natur kehrt wieder,
Wo Mensch dem Menschen gegenüber steht —
Zum letzten Mittel, wenn kein andres mehr
Verfangen will, ist ihm das Schwert gegeben.

Das ist der moderne Kampf ums Recht, der Kampf ums eigene Recht. Hier steht das moderne Denken am schroffsten dem antiken gegenüber. Auch im späten Altertum gab es eine müde Lehre, welche dem Menschen einen Dolch in die Hand drückte, wenn die Tyrannenmacht unerträglich wurde, aber während die Philosophie des achtzehnten Jahrhunderts das Schwert auf den Tyrannen ziehen lässt, stößt es der Schüler der Stoa in die eigene Brust. Weit entfernt, eine neue Ordnung schaffen zu wollen, kannte die alte Philosophie keine andere Befreiung von dem entsetzlichen Druck der Gewaltherrschaft als den Selbstmord.

Aber im *Tell*[7] schreitet Schiller bereits weit über die Ideen der Revolution und noch weiter über die seiner Jugenddramen hinaus. In seiner Jugend zeigte sich ihm das Ideal in unerreichbarer Ferne; die Revolution hatte zerstört, ohne aufbauen zu können. Im *Tell* zeigt uns nun der Dichter ein Volk, welches nicht nur den Zwingherrn vertreibt, sondern es auch versteht, sich eine neue Ordnung zu schaffen, eine Ordnung, welche auf der Idee der rechtlichen Freiheit aufgebaut ist. Die Rechtsidee wird schöpferisch und gestaltet eine gegenwärtige Ordnung, in der sich das vollendet, was der jugendliche Geist des Dichters in entlegene Jahrhunderte geträumt hatte.

Es lag zwar ursprünglich nicht in meiner Absicht, die Literatur des neunzehnten Jahrhunderts, dessen Bild von den Parteien Gunst und Hass noch zu sehr getrübt ist, in den Kreis unserer Betrachtungen hineinzuziehen. Wenn ich es dennoch nicht unterlassen kann, so ist es wegen eines einzigen Mannes, den eine Geschichte des Rechts im Drama ungestraft nicht ignorieren darf. Die deutsche Literatur besitzt eine Erscheinung, welche von dem Pathos der Rechtsidee, von der Hoheit des Gesetzes, von der Unverletzbarkeit des subjektiven Rechtes in einer Weise überzeugt ist wie kein zweiter moderner Dichter. In keiner Dichterbrust hat die Begeisterung für das Recht mit solcher Macht gebrannt wie in Heinrich von Kleist. Durch mein Thema beschränkt, kann ich hier den *Michael Kohlhaas*[8] nur nennen, auch auf die Frau Marthe im *Zerbrochnen Krug*[9] — jenem merkwürdigen Lustspiele, dessen Bau mit dem des *König Ödipus*[10] übereinstimmt —, die das Recht ihres Kruges mit unerbittlicher Hartnäckigkeit verfolgt, will ich nur im Vorbeigehen hinweisen. Wie mächtig tönt der Freiheitsschrei des vom Fremdling unterdrückten Volkes aus der *Hermannsschlacht*[11] hervor, jenem grauenhaft schönen

---

7 『빌헬름 텔 *Wilhelm Tell*』(1804): Schiller의 희곡.

8 『미하엘 콜하스』(1810): Kleist (1777~1811)의 소설.

9 『깨어진 항아리』(1806): Kleist의 희곡.

10 『오이디푸스 왕』: Sophokles (BC 496~406)의 희곡.

11 『헤르만의 전투』(1808): Kleist의 희곡.

Werk, der gewaltigsten Dichtung des Hasses, welche ich kenne. Am vollendetsten aber spiegelt sich die Rechtsidee im *Prinzen von Homburg*[12] wider. Auf der einen Seite steht ein Mann, der sich selbst zum Tod verurteilt, weil das Gesetz ihn dazu verdammt, der freiwillig die höchste Strafe auf sich nehmen will, weil er sie für gerecht erkennt. Auf der anderen Seite steht der Fürst, dem vor dem Gesetz die Stimme des Herzens verstummt, der den Sieg verschmäht, den ihm der das Gesetz verspottende Zufall bringt. Diese beiden Männer sind Verkörperungen des Rechtsgedankens, auf dem der Staat des Rechts, wo nichts herrschen soll als das Recht, unerschütterlich ruht. Der Dichter konnte nicht mehr den Staat schauen, der aus der Asche der Revolution emporgestiegen ist, den Rechtsstaat. Aber in seinem Drama nimmt er das Prinzip desselben vorweg, welches in der Vereinigung der antiken Rechtsidee und der modernen Vernunftforderung besteht. Nur die Vernunft soll herrschen, aber das Gesetz wird als das Vernünftige anerkannt, dem sich die Einzelvernunft beugen muss, nur das Gesetz verleiht dem Staat Macht, nur der Befolgung desselben dankt er seine Größe. Die Gestalten Kleists sind abweisend, aber es sind die Männer, welche den Staat groß und mächtig, das Volk frei und unüberwindlich machen.

Strukturen

Je weiter wir nun in der Geschichte der modernen Zeit vorwärts schreiten, **desto tiefer** sinkt der Wert der bestehenden Ordnung in den Augen der Denker. 그런데 우리가 근대의 역사에서 더 진보하면 할수록, 사상가들이 보기에는 기존 질서의 가치가 점점 더 하락하고 있다.

☞ je + 비교급 ..., desto + 비교급 ...: …할수록 점점 더 …하다

Es geht ihm der Gedanke auf, dass **nicht** die rohe Macht und **kein** fremdes Wesen, **sondern** die Vernunft, welche den Kern seines innersten Seins bildet, die Quelle des Rechtes sei.
거친 힘이나 어떤 낯선 존재가 아니라, 자신의 내적 존재에 핵심이 되는 이성이야말로 정의의 원천이라는 생각이 그(= 인간)에게 들기 시작한다.

---

[12] 『홈부르크 왕자』(1810): Kleist의 희곡.

Weit (davon) entfernt, eine neue Ordnung schaffen zu wollen, kannte die alte Philosophie **keine andere** Befreiung von dem entsetzlichen Druck der Gewaltherrschaft **als** den Selbstmord.
새로운 질서를 창출하려고는 하지 않고(창출하려고 하기는커녕), 과거의 철학은 폭력이 지배하는 끔찍한 압박으로부터 해방되는 법을 자살 이외에는 달리 몰랐다.

Im *Tell* zeigt uns nun der Dichter ein Volk, welches **nicht nur** den Zwingherrn vertreibt, **sondern** es **auch** *versteht*, sich eine neue Ordnung *zu schaffen* [...] 『텔』에서 작가는 이제 전제군주를 몰아낼 뿐만 아니라, 새로운 질서를 창출할 줄도 아는 그런 민족을 우리에게 보여준다.

☞ verstehen ... zu-Infinitiv 무엇에 능통하다, 무엇을 잘하다.

㊎ Er *versteht* es, andere zu überzeugen. 그는 다른 사람을 설득할 줄 안다.

Die deutsche Literatur besitzt eine Erscheinung, welche von dem Pathos der Rechtsidee, von der Hoheit des Gesetzes, von der Unverletzbarkeit des subjektiven Rechtes in einer Weise durchdrungen ist **wie kein zweiter** moderner Dichter.
독일 문학에서는 어떤 근대 작가 못지않게 정의라는 이념의 파토스와 법의 숭고함, 주관적 정의의 불가침성으로 사로잡혀 있는(가득 차 있는) 현상을 볼 수 있다.

☞ wie kein zweiter [wie keine zweite] 어느 누구 못지않게.

㊎ Sie ist hübsch *wie keine zweite.* 그녀는 누구 못지않게 예쁘다.

Er arbeitet *wie kein zweiter.* 그는 누구 못지않게 (열심히) 일한다.

Nur die Vernunft soll herrschen, aber das Gesetz wird als das Vernünftige anerkannt, **dem** sich die Einzelvernunft beugen muss [...] 오직 이성만이 지배해야 하지만, 법은 개별 이성이 복종해야 하는 이성적인 것으로 인정되어 [...]

☞ dem은 das Vernünftige를 받는 중성 3격 관계대명사

3. Am Vorabend des Tages der Deutschen Einheit

Helmut Kohl

Fernsehansprache des Bundeskanzlers Dr. Helmut Kohl, gehalten am Vorabend des Tages der Deutschen Einheit über Rundfunk und Fernsehen am 2. Oktober 1990

Liebe Landsleute!

In wenigen Stunden wird ein Traum Wirklichkeit. Nach über vierzig bitteren Jahren der Teilung ist Deutschland, unser Vaterland, wieder vereint. Für mich ist dieser Augenblick einer der glücklichsten in meinem Leben; und aus vielen Briefen und Gesprächen weiß ich, welche große Freude auch die allermeisten von Ihnen empfinden.

An einem solchen Tag richten wir unseren Blick nach vorn. Doch bei aller Freude wollen wir zunächst an jene denken, die unter der Teilung Deutschlands besonders zu leiden hatten. Familien wurden grausam auseinander gerissen. In den Haftanstalten waren politische Gefangene eingekerkert. Menschen starben an der Mauer.

Das alles gehört glücklicherweise der Vergangenheit an. Es soll sich niemals wiederholen. Deshalb dürfen wir es auch nicht vergessen. Wir schulden die Erinnerung den Opfern. Und wir schulden sie unseren Kindern und Enkeln. Sie sollen so etwas nie erleben.

Aus dem gleichen Grund vergessen wir auch nicht, wem wir die Einheit unseres

---

*Helmut Kohl (1930~2017): 정치가. CDU 당수(1973~1998), 독일 총리(1982~1998)를 지냄.

Vaterlandes zu verdanken haben. Aus eigener Kraft allein hätten wir es nicht geschafft. Viele haben dazu beigetragen. Wann je hatte ein Volk die Chance, Jahrzehnte der schmerzlichen Trennung auf so friedliche Weise zu überwinden? In voller Einigkeit mit unseren Nachbarn stellen wir die Einheit Deutschlands in Freiheit wieder her.

Wir danken unseren Partnern, wir danken unseren Freunden. Wir danken insbesondere den Vereinigten Staaten von Amerika, allen voran Präsident George Bush. Wir danken unseren Freunden in Frankreich und in Großbritannien. Sie haben sich in schwierigen Zeiten stets zu uns gehalten. Sie haben jahrzehntelang die Freiheit des Westteils von Berlin geschützt. Sie haben unser Ziel unterstützt, die Einheit in Freiheit wiederzuerlangen. Ihnen bleiben wir auch künftig in Freundschaft verbunden.

Dank schulden wir auch den Reformbewegungen in Mittel-, Ost- und Südosteuropa. Vor gut einem Jahr ließ Ungarn die Flüchtlinge ausreisen. Damals wurde der erste Stein aus der Mauer geschlagen. Die Freiheitsbewegungen in Polen und in der Tschechoslowakei haben den Menschen in der DDR Mut gemacht, für ihr Recht auf Selbstbestimmung einzutreten. Jetzt gehen wir daran, eine dauerhafte Aussöhnung zwischen dem deutschen und dem polnischen Volk zu verwirklichen.

Wir danken Präsident Gorbatschow. Er hat das Recht der Völker auf den eigenen Weg anerkannt. Ohne diese Entscheidung hätten wir den Tag der Deutschen Einheit nicht so bald erlebt.

Dass dieser Tag schon jetzt kommt, ist besonders jenen Deutschen zu verdanken, die mit der Kraft ihrer Freiheitsliebe die SED-Diktatur überwanden. Ihre Friedfertigkeit und ihre Besonnenheit bleiben beispielhaft.

Wir Deutschen haben aus der Geschichte gelernt. Wir sind ein friedens-, wir sind ein freiheitsliebendes Volk, und nie werden wir unsere Demokratie den Feinden des Friedens und der Freiheit schutzlos ausliefern. Für uns gehören Vaterlandsliebe, Freiheitsliebe und der Geist guter Nachbarschaft immer zusammen. Wir wollen zuverlässige Partner, wir wollen gute Freunde sein. Dabei gibt es für uns auf der Welt nur einen Platz: an der Seite der freien Völker.

Gute Nachbarn wollen wir auch im Innern sein. Aufgeschlossenheit für den Nächsten, Achtung vor dem Andersdenkenden und Verbundenheit mit unseren ausländischen Mitbürgern gehören auch dazu. Unsere freiheitliche Demokratie muss von

Vielfalt, von Toleranz, von Solidarität geprägt sein.

Solidarität müssen wir vor allem als Deutsche jetzt untereinander beweisen. Vor uns liegt — jeder weiß dies — eine schwierige Wegstrecke. Wir wollen diesen Weg gemeinsam gehen. Wenn wir zusammenhalten und auch zu Opfern bereit sind, haben wir alle Chancen auf einen gemeinsamen Erfolg.

Die wirtschaftlichen Voraussetzungen in der Bundesrepublik sind heute ausgezeichnet. Noch nie waren wir besser vorbereitet als jetzt, die wirtschaftlichen Aufgaben der Wiedervereinigung zu meistern. Hinzu kommen Fleiß und Leistungsbereitschaft bei den Menschen in der bisherigen DDR. Durch unsere gemeinsamen Anstrengungen, durch die Politik der sozialen Marktwirtschaft werden schon in wenigen Jahren aus Brandenburg, aus Mecklenburg-Vorpommern, aus Sachsen, aus Sachsen-Anhalt und aus Thüringen blühende Landschaften geworden sein.

Die wirtschaftlichen Probleme, dessen bin ich gewiss, werden wir lösen können: gewiss nicht über Nacht, aber doch in einer überschaubaren Zeit. Noch wichtiger ist jedoch, dass wir Verständnis füreinander haben, dass wir aufeinander zugehen. Wir müssen ein Denken überwinden, das Deutschland immer noch in ein «Hüben» und in ein «Drüben» aufteilt.

Über vierzig Jahre SED-Diktatur haben gerade auch die Herzen der Menschen verletzt. Der Rechtsstaat hat die Aufgabe, Gerechtigkeit und inneren Frieden zu schaffen. Hier stehen wir alle vor einer schwierigen Bewährungsprobe. Schweres Unrecht muss gesühnt werden, doch wir brauchen auch die Kraft zur inneren Aussöhnung.

Ich bitte alle Deutschen: Erweisen wir uns der gemeinsamen Freiheit würdig. Der 3. Oktober ist ein Tag der Freude, des Dankes und der Hoffnung. Die junge Generation in Deutschland hat jetzt — wie kaum eine andere Generation vor ihr — alle Chancen auf ein ganzes Leben in Frieden und Freiheit.

Wir wissen, dass unsere Freude von vielen Menschen in der Welt geteilt wird. Sie sollen wissen, was uns in diesem Augenblick bewegt: Deutschland ist unser Vaterland, das vereinte Europa unsere Zukunft.

Gott segne unser deutsches Vaterland!

Strukturen

Für mich ist dieser Augenblick **einer** (= ein Augenblick) der glücklichsten in meinem Leben.
나로서는 이 순간이 내 인생에서 가장 행복한 순간들 중의 하나입니다.
☞ einer는 부정(不定)대명사

Doch **bei aller Freude** wollen wir zunächst an jene denken, die unter der Teilung Deutschlands besonders **zu leiden hatten**. (= Doch *trotz* aller Freude … besonders *leiden mussten*.)
아무리 기쁘더라도 우리는 독일의 분단으로 인해 특히 고통받아야 했던 사람들을 먼저 생각하고자 합니다.
☞ bei all … 아무리 …하더라도.
㉮ bei all dem 그 모든 사실에도 불구하고

Aus eigener Kraft allein **hätten** wir es nicht **geschafft**.
우리 자신의 힘만으로는 그것을 이루지 못했을 것입니다.
☞ 가정을 나타내는 접속법 II식(↑ S. 47)

Wann je hatte ein Volk die Chance, Jahrzehnte der schmerzlichen Trennung auf so friedliche Weise **zu überwinden**? 일찍이 언제 어느 민족이 수십 년 동안의 고통스러운 분단을 그토록 평화로운 방식으로 극복할 기회를 가진 적이 있습니까?
☞ zu-부정사 구문이 die Chance를 수식함(↑ S. 27).

Damals **wurde** der erste Stein aus der Mauer **geschlagen**. 그 때 장벽으로부터 첫 번째 돌이 떨어졌습니다/그 때가 장벽이 무너지는 과정의 시작이었습니다.
☞ 수동태 문장

Jetzt **gehen** wir **daran**, eine dauerhafte Aussöhnung zwischen dem deutschen und dem polnischen Volk **zu verwirklichen**.
이제 독일 민족과 폴란드 민족 사이의 지속적인 화해를 실현하는 일에 착수합시다.
☞ zu-부정사 구문이 darangehen 동사의 목적어로 쓰였음(↑ S. 27).

Die wirtschaftlichen Probleme, **dessen** bin ich *gewiss*, werden wir lösen können. (= Ich bin (dessen) *gewiss*, *dass* wir die wirtschaftlichen Probleme lösen können.)

우리가 경제적인 문제들을 해결할 수 있다고 나는 확신합니다.

☞ dessen은 문장 전체를 가리키는 지시대명사로 gewiss의 2격 목적어

Unsere freiheitliche Demokratie muss von Vielfalt, von Toleranz, von Solidarität **geprägt sein**.

우리의 자유 민주주의는 다양성, 관용 그리고 연대정신을 기치로 삼아야 합니다.

☞ geprägt sein은 상태수동의 구문(↑ S. 12)

4. Die Wiedervereinigung als andauernde Aufgabe
Vortrag gehalten am 29. Mai 2002 in Seoul

Günter Grass

Mit Erfahrungen im Gepäck bin ich nach Seoul gereist. Und so werde ich wohl mit in Korea gesammelten neuen Erfahrungen zum Thema Wiedervereinigung nach Deutschland zurückkehren.

«Reisen bildet» heißt eine Redensart. Das gilt auch für Schriftsteller. Sie sind in der Regel der Vergangenheit und ihren bruchstückhaften Hinterlassenschaften auf der Spur. Doch so sehr meine Bücher von deutscher Vergangenheit und ihrer Folgelast handeln, so deutlich sind sie jeweils aus der Gegenwart heraus geschrieben worden. So auch der Roman *Ein weites Feld*,[1] der 1995 erschien und doppelbödig, also auf komplexe Weise nicht allein die Folgen der fünf Jahre zurückliegenden Vereinigung der beiden deutschen Staaten, sondern auch die Zeit der Reichsgründung im Jahr 1871 erzählend reflektiert.

Dieser Roman rief bei seinem Erscheinen nicht nur, wie ich es gewohnt war, Kritik, sondern bis zur Wut gesteigerte Empörung hervor. Was war der Anlass? Ich hatte mir

---

*Günter Grass (1927~2015): 단치히 태생의 독일 작가. 1999년 노벨문학상 수상. *Der Blechtrommel* (1959), *Hundejahre* (1963), *Der Butt* (1977), *Mein Jahrhundert* (1999), *Im Krebsgang* (2002) 등의 대표작이 있음.

[1] 『광야』: G. Grass의 소설.

erlaubt, aus der Sicht der von der Wiedervereinigung betroffenen Ostdeutschen zu erzählen, die zwar vierzig Jahre Diktatur hinter sich hatten, aber doch meinten, sich nicht als Verlierer der Geschichte und — aus westdeutscher Sicht — Besiegte an der Wiedervereinigung erfreuen zu dürfen. Dennoch erlebten sie sich bevormundet. Ihr frisches, wie unverbraucht wirkendes Verständnis von Demokratie war nicht gefragt. Die Westdeutschen, also ihre vielberufenen Brüder und Schwestern, begegneten ihnen allzu oft besserwisserisch, gelegentlich herablassend wie Kolonialherren und zunehmend raffgierig, als gelte es, möglichst viel zu verdienen. Eine schleunigst eingerichtete Treuhandanstalt war ihnen dabei behilflich. Ohne ausreichende demokratische Kontrolle, dafür gelegentlich mit krimineller Energie, wurde der Industrie- und Wirtschaftsbereich der ehemaligen DDR, wie es damals hieß, abgewickelt. Zudem maßte der Westen sich an, Personen in leitender Position — vom Fabrikdirektor bis zum Hochschulprofessor — zu überprüfen, das heißt nach eigenen Maßstäben zu evaluieren. Diese Wörter — abwickeln und evaluieren — waren damals nicht nur in Mode, sie bedeuteten vielmehr harte Praxis und zeigen Folgen bis heutzutage. Wieder einmal wurde die richtige Gesinnung peinlich erfragt.

Mit anderen Worten: Die westdeutsche Währung wurde übereilt eingeführt, die neuen Besitzer der ostdeutschen Wirtschaft fühlten keine Verantwortung. Dies verhinderte eine eigenständige und gewiss langsam voranschreitende Gesundung des ehemaligen Staatswesens, hatte eine bis heute anhaltende, erschreckend hohe Arbeitslosigkeit zur Folge und führte dazu, dass im Zuge einer Enteignung ohnegleichen etwa neunzig Prozent des Produktionsbesitzes nunmehr in westdeutscher Hand ist.

Mein Roman *Ein weites Feld* breitet nur den Beginn dieser Entwicklung aus, verkehrt ihn ins Tragikomische bis Absurde, stellt den Geheimdienst der DDR, aber auch das geldfixierte Denken des Westens bloß. Die weitere Entwicklung verlief schlimmer, als ich, der angeblich notorische Schwarzseher, vorausblickend erkennen konnte. Zwar hatte die westdeutsche Verfassung im Schlussartikel des Grundgesetzes zwingend vorgeschrieben, dass im Fall einer Wiedervereinigung dem gesamten deutschen Volk eine neue demokratische Verfassung gegeben werden müsse, aber dieses Gebot wurde missachtet, die Chance vertan. Einzig der Beitrittsartikel blieb wirksam. So ist die Möglichkeit einer Verfassungsdiskussion, an der die Bürger beider Staaten sich hätten beteiligen können, nicht genutzt worden. Bevor man sich einig war, stand die Einheit auf dem Papier.

Da steht sie, uneingelöst, noch immer. Eine Daueraufgabe, der kein Ende abzusehen ist. Und dennoch haben wir Deutschen Glück, weil uns die Chance zur Wiedervereinigung gegeben worden ist. Alleine, nur auf uns angewiesen, hätten wir es nicht geschafft, zueinander zu finden. Michail Gorbatschow hat mit seiner in der Sowjetunion wirksamen Glasnost- und Perestroika-Politik diese Möglichkeit eröffnet, unterstützt, schließlich geduldet. Den ersten Anstoß dazu haben Mitte der 60er Jahre die Tschechen und Slowaken mit ihrem durch den Panzerkommunismus unterdrückten Reformversuch gegeben. Und später war gleichfalls die polnische Solidarnosc-Bewegung hilfreich. Erst ganz zum Schluss wurden auch die Ostdeutschen protestierend aktiv. Der Westen hat dieser Entwicklung abwartend zugeschaut und schließlich, als das östliche Machtgefüge in sich zusammenfiel, zugegriffen.

Eine Ausnahme ist dennoch von Gewicht. Ohne den westdeutschen Beitrag zur Entspannungspolitik wären die Voraussetzungen für eine Wiedervereinigung wohl kaum möglich geworden. Es ist der sozialdemokratische Bundeskanzler Willy Brandt gewesen, der erste Verträge mit der sowjetischen Regierung in Moskau geschlossen hat. Es sind Willy Brandt und der liberale Politiker Walter Scheel gewesen, die gegen den Widerstand der christ-demokratischen Opposition den tiefen Graben zwischen Deutschen und Polen überbrückten, indem sie in Warschau die Oder-Neiße-Linie als endgültige Grenze zwischen Deutschland und Polen anerkannt haben. Dennoch hat es annähernd dreißig Jahre gedauert, bis die Mauer fallen konnte und der nicht nur Deutschland, sondern ganz Europa teilende Eiserne Vorhang zum geschichtlichen Schrott wurde.

Rückblickend stellt sich das Ganze als Sisyphus-Arbeit dar, also als etwas Unvollendetes. Nie bleibt der Stein oben liegen. Immer wieder wartet er im Tal und will aufwärts bewegt werden. Und solch eine Sisyphus-Arbeit steht nun den beiden koreanischen Staaten bevor. Aber lässt sich, frage ich mich, der eine, in Deutschland noch nicht abgeschlossene Vorgang mit dem sich nun in Korea anbahnenden Prozess vergleichen?

Immerhin steht soviel Gemeinsames fest: Die Teilung Koreas und die meines Landes sind gleichermaßen Folgen des Zweiten Weltkrieges und des danach ausbrechenden, ideologisch bestimmten Kalten Krieges. Doch bereits hier zeichnet sich ein gravierender Unterschied ab. In Europa und mithin in Deutschland ist der Kalte Krieg zu keiner Zeit als heißer ausgetragen worden, wohl aber stellvertretend für die gesamte Welt in Korea. Über drei Millionen Tote zeugen davon. Auch ist zur Zeit schwer zu erkennen, ob außerhalb Koreas eine Großmacht bereit ist, einen die Bürger dieses Landes vereinigenden Prozess zu fördern. Wie uns Deutschen Michail Gorbatschow behilflich wurde, müsste nunmehr der amerikanische Präsident willens sein, die angestrebte Einigung wenn nicht zu fördern, dann doch zu dulden. Danach sieht es gegenwärtig nicht aus. Mister Bush hat, neben anderen Staaten, Nordkorea zum Schurkenstaat erklärt. Die Großmacht USA fühlt sich von einem der ärmsten Länder der Welt bedroht. Offenbar bedürfen die Vereinigten Staaten von Amerika eines immer wieder neu ausgemalten Feindbildes, um sich ihre Größe und Allmacht zu bestätigen. Dennoch wird — aus meiner deutschen Erfahrung gesprochen — der Wunsch und Wille nach Wiedervereinigung, wenn er denn wach bleibt, den einen oder anderen amerikanischen Präsidenten überdauern und eines noch ungewissen Tages den Burgern des dann vereinten Koreas, neben der schnell vorübergehenden Freude über die Wiedervereinigung, neue und ungewohnte Probleme bringen.

Dem vorbeugend könnten sich unser Gespräch und Gedankenaustausch jetzt schon als nützlich erweisen. Erfahrungen sind zu vermitteln, die gewiss nicht eins zu eins übertragen werden können. Doch muss es ja nicht sein, dass im Verlauf der sicher mühsamen koreanischen Wiedervereinigung die Fehler des gleichfalls mühsamen deutschen Prozesses wiederholt werden. Dazu einige Anmerkungen:

Erstens: Den Westdeutschen hat es an Respekt gefehlt gegenüber ihren östlichen Landsleuten und deren Biographien, die gezeichnet waren von vierzig Jahren autoritärer Parteiherrschaft und von den Folgen des Zweiten Weltkrieges, denen sie ohne ausländische Hilfe — zum Beispiel den in Westdeutschland wirksamen Marshallplan — ausgesetzt waren. Diese Respektlosigkeit hat dazu geführt, dass sich, aus verkürzter Sicht abgeschätzt, nur arme und reiche Deutsche gegenüberstanden. Arme Verwandte, die ständig klagen und auf Dauer lästig werden. Folge bis heute ist, dass sich die Ostdeutschen in ihrer Mehrzahl als Deutsche zweiter Klasse erfahren. Eine ähnlich andauernde Problematik könnte sich in Korea entwickeln, wenn der reiche Süden den armen Norden in ein vergleichbares Muster zwänge und sich als Sieger in dominierende Position brächte.

Meine zweite Anmerkung warnt davor, die Wiedervereinigung, wenn sie denn eines Tages möglich wird, übereilt zu vollziehen. Meiner Meinung nach hätte dieser Prozess auch in Deutschland schrittweise mit einer Überbrückungsphase als Konföderation zweier Staaten beginnen müssen. Die voreilige Einführung der harten westdeutschen Währung hat viel zerstört und ein nur kurz anhaltendes Glücksgefühl vermitteln können. Hierzulande könnte sich, im Verfassungsrahmen einer Konföderation, der nordkoreanische Staat dank anhaltender Hilfe des Südstaates wirtschaftlich regenerieren, so dass deren Bürger zu einem späteren Zeitpunkt im gänzlich vereinigten Korea als zumindest annähernd gleich starke und gleichberechtigte Partner auftreten könnten. Wandel durch Annäherung hieß die Devise, nach der der Bundeskanzler Willy Brandt die angestrebte Einheit der Nation vorbereitet hat; leider ist später diese behutsame Handlungsweise missachtet worden.

Meine dritte Anmerkung bezieht sich auf die kulturellen Grundlagen eines in zwei Staaten geteilten Volkes. In Deutschland hat sich gezeigt, dass sich trotz der ideologischen und ökonomischen Unterschiede die kulturelle Substanz des Landes allen Versuchen zum Trotz nicht teilen ließ. Auch die militärischen Pflichten der beiden Staaten in den gegnerischen Bündnissen konnten daran nichts ändern. Als uns dann im Jahre 90 die Stunde der Einheit schlug, wurde zwar von westlicher Seite versucht, alles künstlerische Geschehen, auch die ostdeutsche Literatur, als bloße Staatskunst zu diffamieren und als Müll auf die Schutthalde der Geschichte zu werfen, doch hat sich diese westliche Zensurpraxis nicht durchsetzen können; sogar der östliche und westliche PEN-Club haben sich nach langen Debatten schließlich geeinigt. So wird es auch in Korea Aufgabe der Künstler und Schriftsteller sein, den kulturellen Zusammenhalt des noch geteilten Landes zu betonen und sich wechselseitig — und bei aller Kritik — mit Respekt zu werten. Entgegen allen ideologischen und ökonomischen Zwängen hat sich die Kultur noch immer als grenzüberschreitend bewiesen, zumal in einem Land, deren Bürger eine Sprache sprechen.

Strukturen

Und so werde ich wohl *mit in Korea gesammelten neuen Erfahrungen* (= … mit Erfahrungen, die in Korea gesammelt sind) zum Thema Wiedervereinigung nach Deutschland zurückkehren.
그리하여 나는 통일이라는 주제에 관하여 한국에서 축적된 새로운 경험들을 가지고 독일로 돌아가게 될 것입니다.
☞ 형용사 부가어로 사용된 과거분사 구문(↑ S. 35)

Doch **so sehr** meine Bücher von deutscher Vergangenheit und ihrer Folgelast handeln, **so deutlich** sind sie jeweils aus der Gegenwart heraus geschrieben worden.
하지만 나의 책들이 독일의 과거와 그로 인한 부담(후유증)에 관해 집중적으로 다루고 있듯이, 나의 책들은 그때그때 현재에서 출발하여 서술된 것도 분명합니다.
☞ 비교 구문
㉮ *So sehr* er euch liebt, *so sehr* hasst ihr ihn. 그가 너희를 사랑하는 만큼이나 너희는 그를 미워한다.

So auch der Roman *Ein weites Feld*, der 1995 erschien und doppelbödig, also auf komplexe Weise nicht allein die Folgen *der fünf Jahre zurückliegenden Vereinigung* der beiden deutschen Staaten, sondern auch die Zeit der Reichsgründung im Jahr 1871 erzählend reflektiert. (= … der Vereinigung, die fünf Jahre zurückliegt, …) 나의 소설 『광야』 역시 그러하다. 이 소설은 1995년에 출간되었고 다양한 뜻을 담고 있는데, 그러니까 복합적인 방식으로 5년 전에 이루어진 두 독일국가의 재통일이 가져온 결과들뿐만 아니라, 1871년 제국 수립기 역시 이야기하면서 성찰하고 있다.
☞ 형용사 부가어로 사용된 현재분사 구문(↑ S. 35)

Ich hatte mir erlaubt, aus der Sicht der von der Wiedervereinigung betroffenen Ostdeutschen **zu erzählen** […] 나는 재통일에 의해 충격을 받은 동독인들의 시각에서 감히 이야기하고자 했다.
☞ erlauben 동사의 목적어로 쓰인 zu-부정사 구문(↑ S. 27)

So ist die Möglichkeit einer Verfassungsdiskussion, an der die Bürger beider Staaten sich **hätten beteiligen können**, nicht genutzt worden.
그리하여 두 국가의 시민들이 참여할 수도 있었을 헌법논의의 가능성이 활용되지 못했다.
☞ 부문장에서 부정형의 동사 2개와 함께 쓰일 경우, 정동사는 맨 뒤가 아니라 그 부정형 동사들의 앞에 위치함.

Alleine, *nur auf uns angewiesen*, **hätten** wir es nicht **geschafft**, zueinander zu finden (= …, *wenn* wir nur auf uns angewiesen *gewesen wären*, ...)
하지만 우리가 우리 자신에만 의지해야 했다면 우리는 그것을 이루지 못했을 것이다.
☞ nur auf uns angewiesen은 조건문이 분사구문으로 바뀐 것임. 주문장은 비현실적 가정을 나타내는 접속법 II식(↑ S. 47)

Aber **lässt sich**, frage ich mich, der eine, in Deutschland noch nicht abgeschlossene Vorgang mit dem sich nun in Korea anbahnenden Prozess **vergleichen**? (= Aber *kann man*, frage ich mich, den einen, in Deutschland noch nicht abgeschlossenen Vorgang mit dem sich nun in Korea anbahnenden Prozess *vergleichen*?) 그렇지만 독일에서 아직 종료되지 않은 하나의 과정이 이제 한국에서 막 시작되는 과정과 과연 비교될 수 있겠는가 하고 자문해 본다.
☞ lassen sich + Infinitiv = p.p. + werden + können '...될 수 있다' 는 의미를 나타냄.
예 Das lässt sich kaum beschreiben.
= Das kann kaum beschrieben werden.
= Man kann das kaum beschreiben.
그것은 이루 형언하기 어렵다.

Wie uns Deutschen Michail Gorbatschow behilflich wurde, **müsste** nunmehr der amerikanische Präsident *willens sein*, die angestrebte Einigung wenn nicht *zu fördern*, dann doch *zu dulden*.
미하일 고르바초프가 우리 독일인들에게 도움을 주었듯이, 이제 미국 대통령은 애써 추구하는 통일을 촉진하기까지는 못하더라도 묵인할 수는 있어야 할 것이다.
☞ müsste는 '신중한 표현' 을 나타내는 접속법 II식. willens sein, etwas zu tun …할 생각이 있다.
예 Er ist willens, den Vertrag zu unterschreiben. 그는 계약에 서명할 의사가 있다.

5. Die Vergangenheit erkennen, die Zukunft gestalten

Johannes Rau

Rede von Bundespräsident Johannes Rau
anlässlich der Verleihung der Ehrendoktorwürde
an der Seoul National University
am 28. Juni 2002

Ich danke Ihnen sehr für die Verleihung der Ehrendoktorwürde Ihrer Universität. Ich bin stolz auf diese Auszeichnung und betrachte sie auch als Ausdruck der ausgezeichneten Beziehungen zwischen Korea und Deutschland.

I.

Die Seoul National University ist mit fast sechsundfünfzig Jahren die älteste Universität in der modernen Geschichte Koreas. Sie hat sich in dieser kurzen Zeit ein hohes Renommee im In- und Ausland erworben. Verglichen mit vielen europäischen Universitäten, mag manchen diese Universität jung erscheinen. Wie wir am Beispiel Ihrer Hochschule sehen, muss eine Universität nicht erst Hunderte von Jahren alt werden, um international berühmt und geachtet zu sein.

Der Horizont universitärer Arbeit ist heute global. Das ist eine große Herausforderung für die Universitäten — gerade für ihr Selbstverständnis als Bildungsstätte für

---

*Johannes Rau (1931~2006): 독일연방공화국 대통령.

die jungen Menschen, die ein Land in die Zukunft führen sollen.

Vor wenigen Jahren noch war «Globalisierung» ein unbekanntes Wort — heute begegnet es uns alltäglich. Die Globalisierung bringt viele unbestreitbare Vorteile mit sich. In vielen Gebieten der Welt hat sie zu mehr Wohlstand und intensiveren Kontakten, zu Austausch und Bildung geführt. Viele Menschen verbinden mit diesem Begriff aber nicht nur Positives, sondern auch die Angst, etwas zu verlieren: Heimat, Identität, die Möglichkeit, auf das Einfluss zu nehmen, was das eigene Leben bestimmt. Sie fühlen wirtschaftliche Konkurrenz und Abhängigkeit, sie fürchten, dass weltweit nur noch eine Kultur dominieren wird.

Gerade wenn viele Herausforderungen, vor denen wir stehen, globale Dimensionen annehmen, werden die lokalen Unterschiede, die unverwechselbaren und eigenständigen Akzente wieder besonders wichtig. Sie müssen bewahrt werden.

Es ist gut, dass wir Menschen verschieden sind. Darum müssen wir bereit sein, unterschiedliche kulturelle und religiöse, wirtschaftliche und politische Werte zu respektieren. Das ist eine wichtige Voraussetzung für ein Zusammenleben: im eigenen Land und in der einen Welt.

Bei Globalisierung denken wir zunächst vor allem an die wirtschaftlichen Herausforderungen. Wir sollten aber den Weltmarkt nie wichtiger nehmen als die Menschen. Die Wirtschaft ist für den Menschen da und nicht der Mensch für die Wirtschaft.

Menschen brauchen örtliche Bindungen und Traditionen, sie brauchen Familie, Heimat, Sicherheit und Anerkennung. Menschen sind nicht so mobil und nicht bindungslos wie Kapital, und sie werden und wollen es auch nicht sein.

II.

Deutschland und Korea sind in Europa bzw. in Asien Länder von großem politischen und wirtschaftlichen Gewicht. Beide Länder müssen in ihrer jeweiligen Region eine gestaltende Aufgabe übernehmen. Auch mit dem Ziel, dass die Globalisierung zu einer Chance für möglichst viele Menschen auf der Welt wird.

Die Zusammenarbeit, Handel und Begegnung werden die Menschen bereichern,

- wenn die Grenzen geöffnet werden, wirtschaftliche ebenso wie politische.
- wenn durch regionale Einbindung das Wort der Regionen und aller Länder gleichberechtigt zur Geltung kommt.
- wenn der Kulturaustausch intensiviert wird, der den Boden dafür bietet, dass wir einander kennenlernen und dass der Respekt voneinander wächst.
- wenn die internationale Friedens- und Wirtschaftsordnung weiter ausgebaut wird. Gerade von Korea und von Deutschland kann sie wichtige Impulse bekommen.

Kein Staat allein kann heute angesichts der rasch voranschreitenden Globalisierung die vor ihm liegenden Probleme allein lösen. Das ist nur unter Bündelung der Kräfte, im Zusammenwirken möglich.

Diese Aufgaben stehen vor uns. Diese Aufgaben überfordern uns nicht, wenn wir alle Kräfte mobilisieren.

III.

Das Schicksal der Teilung verbindet Deutschland und Korea in besonderem Maße. Die Menschen in Korea haben stets mit besonderer Aufmerksamkeit die Trennung und die friedliche Wiedervereinigung Deutschlands begleitet. Wir in Deutschland erwarten mit Ihnen den Tag, an dem die Menschen Koreas wieder in einem vereinten Land in Frieden zusammenleben werden. Dieser Tag wird kommen, davon bin ich überzeugt, wie fern er jetzt auch noch scheinen mag.

Wegen der ideologischen und politischen Gräben, die sich nach 1945 durch Europa zogen, lag auch das Ziel der deutschen Einheit einmal in weiter Ferne. Manchen schien es unerreichbar, ein „Utopia". Ein koreanisches Sprichwort sagt: Wenn du einen Weg von tausend Meilen zu gehen hast, so fange mit dem ersten Schritt an. In Europa hat die Politik der kleinen Schritte zum großen Erfolg geführt. Zunächst musste der Alltag der Teilung für die Deutschen in Ost und West weniger schmerzlich gemacht werden. Willy Brandt sagte zu Beginn der neunzigen Jahre im Rückblick: «Das war schrecklich unzulänglich, das blieb schrecklich brüchig, aber wir blieben dabei, auch jeden möglichen kleinen Schritt zu tun, um den Kontakt zwischen den Menschen zu fördern und den Zusammenhalt der Nation nicht absterben zu lassen.»

Die entschlossene Politik der Entspannung, der KSZE-Prozess, die Rüstungskontrolle und die Abrüstung — das alles hat die Sowjetunion, die DDR und die anderen Länder des Warschauer Paktes zu einem Dialog mit dem freien Europa gezwungen, als dessen Ergebnis die Menschen ihre Freiheit und Europa seine Einheit wiedergefunden haben.

Deutschland ist zum erstenmal in seiner Geschichte nur von Freunden und guten Nachbarn umgeben, seit langem schon an seiner westlichen Grenze, seit nunmehr zwölf Jahren auch an seiner östlichen. Aus Feinden, ja sogar aus „Erzfeinden", wie man lange behauptet hat, wurden Freunde und Partner. Der deutsch-französischen Aussöhnung folgte die Verständigung mit Polen. Ich bin überzeugt davon, dass auch das Integrationspotential in Ost- und Südostasien noch nicht erschöpft ist. Die erfolgreiche, gemeinsame Fußballweltmeisterschaft hat gezeigt, dass es überall auf der Welt Dinge gibt, die Menschen verbinden. Das heißt nicht, die Augen vor der Vergangenheit zu schließen, die so viel Leid für die Menschen in Korea gebracht hat. Wir müssen die Vergangenheit erkennen, weil wir sonst die Zukunft nicht gestalten können.

IV.

Korea und Deutschland haben ein ganz besonderes Verhältnis zueinander. Unsere Länder gehören unterschiedlichen Kulturkreisen an. Wir können zeigen, dass Unterschiede das Wissen um gemeinsame Ziele und Werte nicht erschweren, sondern im Gegenteil erleichtern können — Die Begegnung zweier Kulturen kann uns reicher machen.

Die Begegnung, der Dialog der Kulturen setzt Respekt und Verständigung voraus und ganz einfach Kenntnis. Eine hervorragende Möglichkeit, die sich gerade den Studenten bietet, ist das Studium im Ausland.

Noch studieren zu wenige Deutsche in Korea. Ich freue mich aber darüber, dass sich das offensichtlich ändert. Die Erfahrungen der Deutschen, die in Korea studiert haben, sind durchweg sehr positiv. Diese guten Erfahrungen werden sich weiter herumsprechen.

Fast eine Viertelmillion koreanischer Schüler und Studenten lernt Deutsch. In

Deutschland leben etwa 30.000 Koreanerinnen und Koreaner. An deutschen Universitäten studieren fünftausend koreanische Studenten. Sie alle sind uns sehr willkommen. Ich würde mich sehr freuen, wenn noch mehr Studenten von der Möglichkeit Gebrauch machten, zu uns nach Deutschland zu kommen.

Für die Herausforderungen der Zukunft ist das gemeinsame Studieren koreanischer und deutscher Studenten — sei es hier, sei es in Deutschland — eine großartige Vorbereitung. Wir wissen, dass sich aus dem gemeinsamen Studium oft Freundschaften für ein ganzes Leben ergeben. Diese Freundschaften werden auch in Zukunft durch noch so perfekte elektronische Kommunikationsmittel nicht überflüssig. Der chat room kann die persönliche Begegnung nicht ersetzen. Sie bildet den Grundstock der Freundschaft zwischen Völkern.

V.

Ich nehme heute die Ehre einer Doktorwürde der Seoul National University gerne an. Ich verstehe diese Auszeichnung als ein Hoffnungszeichen: Die Generation, die jetzt an den Universitäten in Korea und in Deutschland heranwächst, wird selbstbewusst die Herausforderungen und vor allem die Chancen gestatten, die die Globalisierung uns allen bringt.

Von der Freundschaft zwischen den Völkern Koreas und Deutschlands können wichtige Impulse ausgehen. Diese Freundschaft ist für mich ein großer Grund zur Zuversicht und zur Dankbarkeit.

Strukturen

[…] die Möglichkeit, auf **das** Einfluss zu nehmen, **was** das eigene Leben bestimmt.

자신의 삶을 결정하는 것에 영향력을 행사할 가능성

☞ das 등과 같은 중성 지시대명사, das Schöne 등의 중성 명사화된 형용사, etwas 등의 부정(不定)대명사가 선행사일 경우에는 정(定)관계대명사 das, welches보다는 대개 부정관계대명사 was를 사용함.

Wir sollten aber den Weltmarkt nie **wichtiger** nehmen **als** die Menschen.
그러나 우리는 세계 경제를 결코 인간들보다 더 중요하게 여겨서는 안 될 것입니다.
☞ 비교 구문

Menschen sind nicht **so** mobil und nicht bindungslos **wie** Kapital.
인간들은 자본처럼 그렇게 유동적이지도 않고 서로 유대관계가 없지도 않습니다.
☞ 비교 구문

Aus Feinden, ja sogar aus „Erzfeinden", **wie** man lange behauptet hat, wurden Freunde und Partner.
이젠 적들이 친구와 파트너가 되었습니다. 심지어는 오랫동안 '숙적'이라고 주장해 온 그런 나라들조차 말입니다.
☞ 접속사 wie는 '…하듯이'의 뜻

Für die Herausforderungen der Zukunft ist das gemeinsame Studieren koreanischer und deutscher Studenten — **sei es** hier, **sei es** in Deutschland — eine großartige Vorbereitung.
한국과 독일 대학생의 공동연구는 — 이곳에서든 독일에서든 — 미래의 도전에 맞설 훌륭한 준비작업이 될 것입니다.
☞ sei es …(A)…, sei es …(B)…: A이든 B이든 간에

Ich **würde** mich sehr freuen, **wenn** noch mehr Studenten von der Möglichkeit Gebrauch **machten**, zu uns nach Deutschland zu kommen. 저는 더욱 많은 대학생들이 우리 독일로 올 수 있는 가능성을 활용하게 된다면 아주 기쁠 것입니다.
☞ 간곡한 소망을 표현하는 접속법 II식(↑ S. 47). zu-부정사 구문은 Möglichkeit를 수식함(↑ S. 27).

6. Natur, Kunst und Schöpfung sind eine Einheit

Friedensreich Hundertwasser

1980 erhielt der Maler Friedensreich Hundertwasser ein ungewöhnliches Angebot. Vertreter der Stadt Wien wandten sich an ihn mit der Bitte, ein großes städtisches Wohnhaus zu planen und zu bauen.

Hundertwasser ist kein Architekt. 1928 als Friedrich Stowasser in Wien geboren, als Halbjude während der Hitlerzeit knapp der Verhaftung und Ermordung entgangen, wurde er in den Jahrzehnten nach dem Krieg zum wohl bekanntesten und erfolgreichsten, aber auch zum umstrittensten österreichischen Künstler.

Seine Bilder scheinen wie im Traum gemalt. Die Bänder aus tiefroten, grünen, orangen und schwarzen Streifen, die spiralförmig ein dunkles Zentrum umkreisen, scheinen Wege darzustellen, «Lebenswege» vielleicht, die sich einem dunklen Ziel nähern. Hundertwasser schreibt:

Ist der Traum vorüber, kann ich mich nicht mehr erinnern, was ich geträumt habe. Aber das Bild bleibt. Das Bild ist die Ernte des Traums.

---

*Friedensreich Hundertwasser (1928~2000): 빈 태생의 화가, 건축가.

Sicher sind diese Bilder faszinierend, und sicher faszinierten sie auch die Wiener Stadtväter. Doch wie sollte dieser Träumer ein Haus bauen?

Der Architekt, der Hundertwasser unterstützen sollte, brach nach kurzer Zeit die Zusammenarbeit mit dem Künstler ab. Zu phantastisch, ja absurd erschienen Hundertwassers Vorstellungen von einem Haus. Ein zweiter Architekt, der zur Mitarbeit bereit gewesen wäre, fand sich zunächst nicht. Zu gut war bekannt, was der Maler über moderne Architektur und moderne Architekten dachte:

> *Zwei Generationen von Architekten mit Bauhausmentalität haben unsere Wohnwelt zerstört. Seit es Stadtplaner gibt, sind unsere Städte hässlich geworden.*

Das Bauhaus sei der Fluch der modernen Architektur, so sagt Hundertwasser, es habe die Traumwelt und Phantasie, die Romantik zerstört. Seine geraden Linien seien «lebensfeindlich» und «gottlos», seine Architektur «gefühllos» und «herzlos», «aggressiv» und «kalt».

> *Wenn diese intellektuelle, natur- und menschenfeindliche Mafia […] Menschen zwingt, […] in seelenlos gebauten Häusern zu wohnen, so ist das ein permanentes Verbrechen.*

Dies ist ein vernichtendes Urteil über die moderne Architektur und ihre Auftraggeber. Dass Hundertwassers Haus dennoch gebaut wurde, ist erstaunlich. Doch die Stadt unterstützte Hundertwasser trotz aller Kritik. Sie stellte einen städtischen Architekten frei, der zusammen mit dem Künstler das Gebäude plante und 1984 vollendete. Dieses «Hundertwasserhaus» in der Löwengasse in Wien ist bis heute das bekannteste Beispiel postmoderner Baukunst.

Das Haus ist gewissermaßen ein «vertikal angelegtes Dorf». Alle Einrichtungen einer großen Wohngemeinschaft, Café, Buchhandlung, Wäscherei, Spielräume und Gärten befinden sich im oder auf dem Gebäude. Keine Wohnung gleicht der anderen. Jede ist außen durch eine besondere Farbfläche gekennzeichnet, die von dunklen Streifen umrandet ist. Soweit die Kinder mit ihren Armen reichen können, dürfen sie die

Außenwände bunt bemalen. Dreizehn verschiedene Arten von Fenstern in verschiedenen Höhen erlauben zusammen mit den Farbflächen eine rhythmische Gliederung der Fassaden durch Farbe und Form. Das stufenförmig angeordnete Dach ist mit Bäumen, Büschen, Blumen und Gras bepflanzt. Zwei turmartige Bauteile tragen Kuppeln und erinnern an süddeutsche und österreichische barocke Kirchen.

«Das Haus ist wie ein Traum», schreibt Hundertwasser.

> *Bis heute waren Häuser das genaue Gegenteil von Träumen, [...] diktatorisch, unterdrückend. [...] Die Bauhausarchitektur demonstrierte Macht, die Macht der Maschine. [...] Vor meinem Haus stehen die Leute mit offenem Mund und können nicht glauben, dass ein Traum wahr geworden ist.*

Das Hundertwasserhaus erregte großes Interesse. Nicht nur die Stadtväter Wiens, sondern auch die Vertreter anderer Gemeinden baten nun den Maler, weitere öffentliche Gebäude zu gestalten. 1988 restaurierte er die Kirche St. Barbara in Bärnbach in der Steiermark. Eine kahle Dorfkirche verwandelte er in ein farbenfrohes Gotteshaus, geschmückt mit den Symbolen der vier Weltreligionen als Zeichen des Friedens und der Toleranz.

Im gleichen Jahr legte Hundertwasser den Grundstein für ein Kinderhaus in Frankfurt. Dieses bogenförmige Gebäude scheint aus dem Boden zu wachsen. Das Dach steigt stufenlos vom Boden aus an und ist begehbar. Als breites, geschwungenes Band liegt es auf dem Gebäude. Wie das Dach des Hauses in Wien ist es mit Erde bedeckt, mit Bäumen und Büschen bepflanzt, und dient den Kindern als Spielplatz, Garten und Park:

> *Der Mensch muss auf den Dächern der Natur zurückgeben, was er ihr [...] unten beim Hausbau genommen hat.*

Wie in allen seinen Bauwerken versucht Hundertwasser auch hier seine Idee zu verwirklichen, die Idee einer phantasievollen und farbenfrohen, aber auch menschenfreundlichen und naturnahen Architektur: *Natur, Kunst und Schöpfung sind eine Einheit.*

Strukturen

Vertreter der Stadt Wien **wandten sich an ihn mit der Bitte**, ein großes städtisches Wohnhaus zu planen und zu bauen. (= Vertreter der Stadt Wien **baten ihn** (**darum**), ein großes städtisches Wohnhaus *zu planen und zu bauen*.)
빈 시 대표들이 그에게 대규모 도시주택을 설계해서 건축해 달라고 부탁했다.

Seine Bilder scheinen **wie im Traum gemalt**. (= … wie sie im Traum gemalt worden sind)
그의 그림들은 마치 꿈 속에서 그린 것처럼 보인다.
☞ 부문장이 부사구로 축약된 경우

Ein zweiter Architekt, der zur Mitarbeit bereit **gewesen wäre**, fand sich zunächst nicht.
함께 작업할 준비가 되어 있다고 했던 두 번째 건축가는 우선 나타나지도 않았다.
☞ 접속법 II식 완료형 문장: 화자의 의혹과 과거보다 앞선 시제를 표현

Das Bauhaus **sei** der Fluch der modernen Architektur, so sagt Hundertwasser, es **habe** die Traumwelt und Phantasie, die Romantik zerstört. 바우하우스는 현대 건축의 저주이며, 그것은 꿈의 세계와 환상, 낭만을 파괴시켰다고 훈데르트바서는 말한다.
☞ 접속법 I식 간접화법 문장. 직접화법: «Das Bauhaus ist der Fluch der modernen Architektur», so sagt Hundertwasser, «es hat die Traumwelt und Phantasie, die Romantik zerstört.»

Soweit (= solange) die Kinder mit ihren Armen reichen können, dürfen sie die Außenwände bunt bemalen. 아이들은 자기 손이 닿을 수 있는 한, 외벽을 알록달록하게 칠해도 된다.

Eine kahle Dorfkirche verwandelte er in ein farbenfrohes Gotteshaus, **geschmückt mit den Symbolen der vier Weltreligionen als Zeichen des Friedens und der Toleranz.** (= …, das mit den Symbolen der vier Weltreligionen als Zeichen des Friedens und der Toleranz geschmückt war)
그는 장식 없는 마을교회를 밝고 아름다운 색채의 교회로 변모시켰는데, 거기에는 세계 4대 종교의 상징들이 평화와 관용의 표상으로서 장식되어 있었다.
☞ geschmückt 이하는 과거분사 구문(↑ S. 35)

7. Naturwissenschaft und humanistische Bildung

Werner Karl Heisenberg

Der große Strom von Naturwissenschaft und Technik, der unsere Zeit erfüllt, entspringt aus der antiken Philosophie, und wenn auch inzwischen manche andere Einflüsse in diesen Strom münden und seine furchtbaren Wassermassen vergrößern helfen, so ist der Ursprung doch immer wieder deutlich genug zu spüren. Insofern kann also auch die Naturwissenschaft aus der humanistischen Bildung Nutzen ziehen. Freilich werden die Menschen, die eine mehr praktische Ausbildung der Jugend für den Lebenskampf wichtiger finden, immer einwenden können, dass die Kenntnis jener geistigen Grundlagen trotzdem für das praktische Leben nicht allzuviel bedeute. Man muss eben, so sagen sie, die praktischen Fertigkeiten des modernen Lebens: neue Sprachen, technische Methoden, Geschicklichkeit im Handel und Rechnen erwerben, um im Leben bestehen zu können; und die humanistische Bildung sei gewissermaßen nur ein Schmuck, ein Luxus, den sich nur wenige Leute leisten können.

Das mag vielleicht richtig sein für viele Menschen, die später im Leben eine rein

*Werner Karl Heisenberg (1901~1976): 독일의 물리학자. 양자역학의 기초를 확립하고 원자핵의 구조를 밝혀 1933년 노벨상을 수상함. 저서로 *Die physikalischen Prinzipien der Quantentheorie* (1930), *Das Naturbild der heutigen Physik* (1955) 등이 있다.

praktische Tätigkeit ausüben und die nicht selbst an der geistigen Gestaltung unserer Zeit mitwirken wollen. Wer sich aber damit nicht begnügen will, wer in irgendeinem Fach, sei es Technik oder Medizin, den Dingen auf den Grund gehen will, der wird früher oder später auf diese Quellen in der Antike stoßen, und er wird für seine eigene Arbeit viele Vorteile daraus ziehen, wenn er von den Griechen das prinzipielle Denken, die prinzipielle Fragestellung gelernt hat. Ich glaube, dass man zum Beispiel am Werk von Max Planck[1] deutlich erkennen kann, dass sein Denken durch die humanistische Schule beeinflusst und gefördert worden ist.

Wenn man in der heutigen Zeit über den Wert der humanistischen Bildung spricht, so kann man wohl auch kaum mehr einwenden, dass die Beziehung zur Naturphilosophie in der modernen Atomphysik ein einmaliger Fall sei und dass man sonst in Naturwissenschaft, Technik oder Medizin mit solchen prinzipiellen Fragen kaum in Berührung komme. Das wäre schon deshalb falsch, weil viele naturwissenschaftliche Disziplinen in ihren Grundlagen mit der Atomphysik eng verbunden sind, also schließlich zu ähnlichen grundsätzlichen Fragen führen wie die Atomphysik selbst. Das Gebäude der Chemie erhebt sich auf dem Fundament der Atomphysik, die moderne Astronomie hängt mit ihr aufs engste zusammen und kann ohne Atomphysik kaum gefördert werden, und selbst von der Biologie werden schon Brücken zur Atomphysik geschlagen. In den letzten Jahrzehnten sind in viel höherem Maße als früher die Verbindungen zwischen den verschiedenen Naturwissenschaften sichtbar geworden. An vielen Stellen erkennt man die Zeichen des gemeinsamen Ursprungs, und der gemeinsame Ursprung ist schließlich irgendwo das antike Denken.

(*Aus: Das Naturbild der heutigen Physik*, 1955)

Strukturen

so **ist** der Ursprung doch immer wieder deutlich genug **zu spüren**.
(= so *kann* der Ursprung … *gespürt werden*)

---

[1]Max Planck (1858~1947): 독일의 물리학자. 양자론, 열역학 등에 큰 업적을 남김.

(= so *kann* man … den Ursprung *spüren*)
그래서 그 원천은 언제나 다시금 충분히 명확하게 확인될 수 있다.
☞ 'sein … zu-부정사' 구문

Das **mag** vielleicht richtig sein für viele Menschen.
그것은 어쩌면 많은 사람들에게 맞는 말일지로 모르겠다.
☞ 화법조동사 mögen은 '추측'을 나타내는 용법

Freilich werden die Menschen, **die** eine praktische Ausbildung der Jugend für den Lebenskampf wichtiger finden, immer einwenden können, dass die Kenntnis jener geistigen Grundlagen trotzdem für das praktische Leben nicht allzuviel **bedeute**. 다만 생존경쟁을 위해서 젊은이들에게 보다 실용적인 직업교육을 시키는 일이 중요하다고 여기는 사람들은, 그런 정신적인 토대의 지식이 그래도 실제 삶에 크게 중요하지는 않다고 언제라도 반론을 제기할 수 있을 것이다.
☞ die는 die Menschen을 받는 복수 1격 관계대명사, bedeute는 다른 사람의 주장을 인용하는 간접화법의 접속법 I식

Wer sich aber damit nicht begnügen will, **wer** in irgendeinem Fach, sei es Technik oder Medizin, den Dingen auf den Grund gehen will, **der** wird früher oder später auf diese Quellen in der Antike stoßen. 그러나 이에 만족하지 않으려 하는 사람, 기술 분야든 의학 분야든 어떤 한 분야에서 사물의 근본을 규명하고자 하는 사람은 언젠가는 고대의 이 원천과 마주치게 될 것이다.
☞ 관계대명사 wer에 이어지는 절이 주어가 되어 1격 지시대명사 der로 받음.

Wenn man in der heutigen Zeit über den Wert der humanistischen Bildung spricht, so kann man wohl auch kaum mehr einwenden, dass die Beziehung zur Naturphilosophie in der modernen Atomphysik ein einmaliger Fall **sei** und dass man sonst in Naturwissenschaft, Technik oder Medizin mit solchen prinzipiellen Fragen kaum in Berühung **komme**. 오늘날 우리가 인문주의적 교양의 가치에 관해 이야기할 때면, 아마도 현대 원자물리학에서의 자연철학에 대한 관계가 유일한 경우라는 사실, 그리고 그 외에 자연과학, 공학 혹은 의학에서는 우리가 그런 원칙적인 문제들과 거의 관계하지 않는다는 사실에 대해 사람들은 아마도 더 이상 거의 반론을 제기할 수 없을 것이다.
☞ 여기서 접속법 I식은 일반적인 통념을 인용하는 간접화법의 일종

Das wäre schon **deshalb** falsch, **weil** viele naturwissenschaftliche Disziplinen in ihren Grundlagen mit der Atomphysik eng verbunden sind, also schließlich zu ähnlichen grundsätzlichen Fragen führen wie die Atomphysik selbst. 많은 자연과학 쪽의 학문들이 그 토대에서는 원자물리학과 긴밀히 연계되어 있으며, 그래서 결국은 원자물리학처럼 비슷한 근본적인 문제들로 귀결된다는 이유만으로

도 이것은 옳지 않을 것이다.
☞ deshalb는 접속사 weil에 연결되는 부사

Das Gebäude der Chemie erhebt sich auf dem Fundament der Atomphysik, die moderne Astronomie **hängt mit** ihr aufs engste **zusammen** und kann ohne Atomphysik kaum gefördert werden, und selbst von der Biologie werden schon Brücken zur Atomphysik geschlagen. 화학이라는 체계는 원자물리학의 토대 위에 세워진 것이고, 현대의 천문학은 원자물리학과 긴밀하게 연관되어 있어서 원자물리학 없이는 거의 발전할 수가 없으며, 생물학조차도 이미 원자물리학과 연계를 맺고 있다.

In den letzten Jahrzehnten sind in viel **höherem** Maße **als** früher die Verbindungen zwischen den verschiedenen Naturwissenschaften sichtbar geworden. 최근 수십 년 동안에 다양한 자연과학 쪽 학문들 간의 결합이 예전보다 훨씬 더 많이 눈에 띄게 되었다.
☞ 비교 구문

부록

어휘 및 숙어

Erster Teil

1. Der Verkäufer und der Elch

<S. 3>

die Geschichte _n 이야기, 역사
der Verkäufer _ 판매원, 점원
der Elch _e 고라니
das Sprichwort _wörter 격언, 속담
die Gasmaske _n 가스 마스크
verkaufen 동 팔다, 판매하다
tüchtig 형 유능한
erzählen 동 이야기하다
berühmt 형 유명한
für et.⁴ berühmt 무엇으로 유명한
der Zahnarzt _ärzte 치과의사
die Zahnbürste _n 칫솔
der Bäcker _ 빵집 주인
das Brot _e (덩이)빵
der/die Blinde 장님(형 blind의 명사화)
der Fernsehapparat _e 텔레비전
erst 부 비로소, 처음으로 형 첫 번째의, 제1의
der Norden 북(쪽)
der Wald *Wälder* 숲, 삼림
treffen 동 만나다(er trifft; traf, getroffen)
bestimmt 부 틀림없이, 확정적으로 형 정해진, 특정의

<S. 4>

wozu 의 무슨 목적으로, 어째서
die Luft *Lüfte* 공기, 대기
heutzutage 부 오늘날, 요즈음
brauchen 동 필요로 하다
beginnen ... zu-Infinitiv …하기 시작하다
die Fabrik _en 공장
warten 동 기다리다
auf et.⁴[jn] warten 무엇을(누구를) 기다리다
bauen 동 짓다, 건설하다
wahnsinnig 형 정신 나간, 미친
fertig 형 완성된, 끝난
giftig 형 독성의, 독이 있는
das Abgas _e 배기가스
der Schornstein _e 굴뚝
sich denken 상상하다, 짐작하다
die Qualitätsware _n 상등품
lustig 형 유쾌한, 쾌활한
die Höflichkeitsform _en 예의를 갖춘 형식
das Glück _e 행운, 행복
Glück haben 운이 좋다
Tausende *pl.* 수천의
übrigens 부 하여간에, 말이 나왔으니 말인데

2. Immanuel Kant

<S. 9>

geboren 동 gebären(낳다, 분만하다)의 과거분사

verlassen [동] 떠나(가)다, (누구를) 버리다

(er verlässt; verließ, verlassen)

sterben [동] 죽다(er stirbt; starb, gestorben)

das Zeitalter _ 시대

das Ende _n 끝, 종료

zu Ende gehen 끝나다

das Jahrhundert _e 세기, 백 년

die Aufklärung 계몽, 계몽주의

nennen [동] …라고 부르다, 명명하다

(nannte, genannt)

der Verstand 오성, 사고력, 이해력

erklären [동] 설명하다, 천명하다

vernünftig [형] 이성적인, 합리적인

der Kopf *Köpfe* 머리, 두뇌

fassen [동] 이해하다

bisher [부] 지금까지

aussehen [동] …처럼 보이다

das Denken 사고, 사유

untersuchen [동] 연구〔탐구〕하다

das Gesetz _e 법칙, 법률

die Grenze _n 한계, 경계

folgen [동] 좇다, 따르다(3격 지배 동사)

herrschend [형] 지배적인, 일반적인

(herrschen의 현재분사)

die Idee _n 이념, 사상

der Konflikt _e 갈등, 충돌

jn. mit et.^{3}[jm.] in Konflikt bringen 누구를 무엇과(누구와) 충돌하게 만들다

das Hauptwerk _e 주저(主著)

das System _e 체제

entwickeln [동] 발전시키다, 개발하다

rein [형] 순수한

die Vernunft 이성, 분별, 이해력

die Genauigkeit _en 정확(성), 엄밀

bestimmen [동] 정하다, 결정하다

<S. 10>

der Zeitgenosse _n 동시대인

berichten [동] 보고하다, 전하다

pünktlich [형] 정시(定時)의, 정확한

aufstehen [동] 일어나다, 기상하다

das Aufstehen 기상, 일어남

nehmen [동] 취하다, 가지다

(er nimmt; nahm, genommen)

et.^{4} zu sich^{3} nehmen 무엇을 먹다

jn. zu sich^{3} nehmen 누구를 가족으로 받아들이다, 누구를 자기 집에 살게 하다

die Pfeife _n 담뱃대, 파이프, 담배 한 대

der Tabak _e 담배, 연초

aus et.^{3} bestehen 무엇으로 구성되다

empfinden [동] …라고 여기다, 느끼다

(empfand, empfunden)

verbringen [동] (시간을) 보내다

der Schreibtisch _e 책상

das Restaurant _s 음식점, 레스토랑

die Küche _n 요리, 음식, 부엌

das Kochen 요리하기([동] kochen의 명사형)

das Gespräch _e 대화, 대담

jn. interessieren 누구의 흥미를 불러일으키다

sich für et.^{4}[jn.] interessieren 무엇(누구)에 흥미를 가지다

das Geheimnis _se 비밀

die Kochkunst _*künste* 요리법, 요리기술

die Gegenwart 출석, 참석, 현재

in der Gegenwart von jm. 누구가 있는 자리에서, 누구의 면전에서

vorschlagen [동] 제안하다

der Königsberger _ 쾨니히스베르크 사람

stellen [동] 세우다, 조정(조절)하다

die Uhr stellen 시계를 맞추다

3. Faust als moderner Mensch

<S. 16>

gelten 동 가치 있다, 유효하다
(er gilt; galt, gegolten)
als et. gelten 무엇이라고 인정받다(통하다)
die Dichtung _en 문학, 문학작품
übernehmen 동 받아들이다.
der Stoff _e 소재, 재료
die Wette _n 내기
eine Wette gewinnen[verlieren] 내기에 이기나[시나]
eine Wette um Fausts Seele 파우스트의 영혼을 건 내기
der Teufel _ 악마
der Herr _en 주님, 주인, …씨(남성에 대한 호칭)
die Seele _n 혼, 영혼
die Erlaubnis _se 허락, 허가
sacht 형 얇은, 부 살짝
führen 동 이끌다, 인도하다
die Erde _n 땅, 지상, 지구
verboten 형 금지된
sich irren 길을 잃다, 잘못하다, 방황하다
das Streben 노력, 추구
streben 동 추구하다, 애쓰다, 노력하다
nach et.^{3} streben 무엇을 지향하다, 얻고자 애쓰다
die Erkenntnis _se 인식, 깨달음
solange 접 …하는 한, 부 …하는 동안
der Lebenssinn _e 삶의 의미
der Irrtum *Irrtümer* 잘못, 오류
die Schuld _en 죄, 빚
begleiten 동 동반하다, 동행하다
jn. begleiten 누구와 함께 가다
von et.^{3} begleitet werden …을 동반하다
der Blick _e 눈길, 시선
enttäuschen 동 실망시키다
über et. enttäuscht 무엇에 실망한

<S. 17>

die Juristerei 법학(die Jura)
die Medizin 의학
sich bemühen 노력하다, 애쓰다
der Tor _en 바보(das Tor 대문)
erreichen 동 도달하다
versuchen ... zu-Infinitiv …하고자 시도하다
die Magie _n 주술, 마법, 요술
zusammenhalten 동 결합(결속)시키다
stürzen 동 추락하다, 추락시키다
jn. in die Verzweiflung stürzen 누구를 절망에 빠뜨리다
die Verzweiflung _en 절망
die Not *Nöte* 어려움, 곤궁, 곤경, 궁지
erscheinen 동 나타나다, 출현하다
(erschien, erschienen)
der Diener _ 하인, 봉사자
sich^4 jm als et.^{4} anbieten 누구의 …임을 자임하다, 누구를 위해 무엇을 하겠다고 자청하다
das Volksbuch *_bücher* 민중본, 대중적인 이야기책
verbinden 동 묶다, 연결하다
sich verbinden 연결되다
et.^{4} mit et.^{3} verbinden 무엇과 무엇을 연결시키다
vorherbestimmt 형 미리 결정된
die Strafe _n 벌, 형벌
die Hölle _n 지옥
Himmel und Hölle 천국과 지옥
schließen 동 닫다, 맺다, 체결하다
(schloss, geschlossen)
einen Bund schließen 동맹을 맺다
der Augenblick _en 순간
verweilen 동 머물다, 멈추다
jn. in Fesseln schlagen 누구를 사슬에 얽어매다, 속박하다

die Fessel _n 사슬, 족쇄, 차꼬
es gelingt jm. zu-Infinitiv 누가 …하는 데 성공하다
befriedigen 동 만족시키다
jm.[et.³] folgen 누구를(무엇을) 따라가다
jm. in die Hölle folgen 누구를 따라 지옥으로 가다
der Begleiter _ 동행인, 동반자
Leben voller Höhen und Tiefen 영욕에 가득 찬 (파란 만장한) 삶
aus dem Meer neues Land gewinnen 바다를 개간하여 새 땅을 얻다
gewinnen 동 얻다(gewann, gewonnen)
«Am Anfang war die Tat»: 태초에 행동이 있었다. "태초에 말씀이 있었다"는 성경구절의 말씀(Wort, logos)이 함축하는 '진리'를 파우스트는 '실천적 행동'(Tat)으로 해석하고 있다. 『파우스트』 제1부 1224-1237행 참조.
die Übersetzung _en 번역(작품)

<S. 18>
die Schrift _en 글, 저술, 문자
die Heilige Schrift 성서
die Tat _en 행위, 행동, 범행
unvollendet 형 미완성의, 완성되지 않은
der Himmel 하늘, 천국
retten 동 구조하다, 구하다, 구원하다
das Glied _er 마디, 회원, 일원
erlösen 동 구원하다
der Punkt _e 점(点)
verdammen 동 저주하다
wertvoll 형 가치 있는

4. Friedenspolitik in unserer Zeit

<S. 25>
die Friedenspolitik 평화정책
der Krieg _e 전쟁
das Mittel _ 도구, 수단
es geht darum, ... zu-Infinitiv …이 중요하다, 관건이다
abschaffen 동 없애다, 폐지(철폐)하다 (schuf ab, abgeschaffen)
begrenzen 동 제한(한정)하다, 경계를 정하다
das Interesse _n 관심, 이익
die Gesamtverantwortung für et. 무엇에 대한 공동의 책임
die Außenpolitik 대외(외교)정책, 외교
die Einsicht _en 통찰
dienen 동 섬기다, 봉사하다, 쓰이다
et.³ dienen 무엇에 봉사(기여)하다
die Sicherheitspolitik 안보정책
die Spannung _en 긴장
abbauen 동 허물다, 철거하다
die Kommunikation über die Grenze hinweg 국경을 초월한 의사소통
haben ... zu-Infinitiv …해야 한다
fördern 동 촉진하다
et.³ wehren …을 저지(제지)하다, 막다
der Begriff _e 개념
das Christentum 기독교
durch et.⁴ beeinflusst …의 영향을 받은
der Versuch _e 시도
die Anstrengung _en 노력, 긴장
der Friede _n 평화
die Quelle _n 근원, 원천, 샘
der Humanismus _men 휴머니즘
mit et.³ verbunden …와 결부(결합)된
der Staatenbund _bünde 국가동맹

<S. 26>
die Fragestellung _en 질문, 문제제기
die Wahl _en 선거

das Recht _*e* 권리, 법, 정의

das Volk *Völker* 국민, 민족, 민중

aufbauen 동 세우다, 건설하다

die Zivilisation _*en* 문명

zerstören 동 파괴하다

zu et.^{3} *zwingen* …하지 않을 수 없게 만들다

gesellschaftlich 형 사회적인

die Gerechtigkeit _*en* 정의(正義)

die Forderung _*en* 요구, 요청

nüchtern 형 냉정한, 냉철한

unterstützen 동 지지하다, 후원하다

befehlen 동 명령하다, 명하다
(er befiehlt; befahl - befohlen)

der Unfrieden 비평화, 불화

vor der Wahl stehen, entweder ... oder ... …하든지 아니면 …하든지 양자택일의 기로에 서 있다.

anlässlich + 2격 명사: …을 계기로, …에 즈음하여

5. Die Verantwortlichkeit des Wissenschaftlers

<S. 31>

die Verantwortlichkeit _*en* 책임의식, 책임감

der Wissenschaftler _ 학자, 과학자

überhaupt 부 도대체, 대관절

ob 접 과연 …인지 아닌지

es gibt + 4격 명사: …이 있다, 존재하다

die Verantwortung _*en* 책임

jedermann 대 누구나

tragen 동 (책임을) 지다, 감당하다
(er trägt; trug, getragen)

wo …하는 곳에서, …하는 경우에(관계부사)

entweder ... oder ... 접 …하거나(아니면) …하거나

die Macht *Mächte* 힘, 권력

das Wissen 앎, 지식(wissen의 명사형)

über et.^{4} *verfügen* 무엇을 마음대로 하다.

die Folge _*n* 결과

eigen 형 자신만의, 고유한

die Leistung _*en* 업적, 성과, 실적

abschätzen 동 평가하다, 산정하다

die Nichtfachleute *pl.* 비전문가, 문외한

genug 부 충분히, 제대로

für et.^{4} *gelten* 무엇에 해당(적용)되다(es gilt)

die Entwicklung _*en* 발전, 발달, 전개

die Chemikalien *pl.* 화학약품, 화학제품

die Erhöhung _*en* 향상, 제고

die Ernte _*n* 수확(물), 소득

die Herstellung _*en* 제작, 제조

die Waffe _*n* 무기

gerade 부 다름 아니라, 바로

wie 접 …하듯이, …와 마찬가지로

früher 형 이전의, 과거의 부 예전에는, 일찍이

heißen 동 …라 불리다, 일컬어지다(hieß, gehießen)

noblesse oblige 신분이 높을수록 그만큼 큰 책무가 따른다(프랑스어)

sagesse oblige 아는 것이 많을수록 그만큼 큰 책무가 따른다

die Gefahr _*en* 위험

das Bevölkerungswachstum 인구증가

voraussehen 동 예견하다, 예측하다

zunehmend 형 증가하는, 늘어나는(동 zunehmen의 현재분사형)

der Verbrauch 사용, 소비

das Erdölprodukt _*e* 석유제품

friedlich 형 평화적인

der Zweck _*e* 목적, 목표

verwendet 형 사용되는(동 verwenden의 과거분사형)

die Atomenergie _*n* 핵에너지

weil 접 …하기 때문에, …하는 까닭에

der Atommüll _*e* 핵 폐기물

häufen 동 쌓다, 쌓아올리다

sich häufen 쌓이다, 누적되다
namentlich [부] 특히, 무엇보다도
die Größe _*n* 크기([형] groß의 명사형)
sich^3 *eines Dinges bewusst sein* 무엇을 의식(자각)하고 있다
unter [전] …아래(로) (여기서는 '… 중에서'의 뜻으로 영어의 among에 해당)
zeigen [동] 보여주다, 입증하다
wachsen [동] 성장(성숙)하다
(er wächst; wuchs, gewachsen)
sich^4 *et.*^{3} *gewachsen zeigen* 자기가 무엇을 감당할 만큼 성숙했다는 것을 입증하다
andere [대] 다른 사람들
manche [대] 상당수의 사람들
mit et.^{3} *beschäftigt sein* 어떤 일에 종사(몰두)하다
über et.^{4} *nachdenken* 무엇에 관해 깊이 생각하다, 심사숙고하다
genügend [부] 충분히, 제대로 ([동] genügen의 현재분사형)

<S. 32>

der Grund Gründe 근거, 이유
scheinen … zu-Infinitiv …하는 것처럼 보이다
et.^{4}*(A) als et.*^{4}*(B) betrachten* 무엇(A)을 무엇(B)이라 간주하다
ungewollt [형] 원하지 않던, 의외의
bedenkenlos [형] 무분별한
gefördert [형] 촉진된, 추진된([동] fördern의 과거분사형)
die Auswirkung _*en* 파급효과, 영향
sich um et.^{4} *kümmern* 무엇을 걱정(근심)하다
die Möglichkeit _*en* 가능성
praktisch [형] 실용적인, 실천적인
die Anwendung _*en* 적용, 응용
naturwissenschaftlich [형] 자연과학의
die Kenntnis _*se* 지식

faszinierend [형] 매혹적인, 사람을 현혹시키는
([동] faszinieren의 현재분사형)
an et.^{3} *zweifeln* 무엇에 의구심을 가지다
der Fortschritt _*e* 진보, 발전
der Fall *Fälle* 경우, 사례
in allen Fällen 어떠한 경우에도, 무조건
wirklich [부] 정말로, 진정으로, 과연
wenige [대] (극)소수의 사람들
et.^{4}*(A) als et.*^{4}*(B) halten* 무엇(A)을 무엇(B)이라 간주하다
die Pflicht _*en* 의무
herausfinden [동] 찾아내다, 발견하다
vermeidbar [형] 피할(모면할) 수 있는
das Leiden _ 고통, 고난, 고뇌
et.^{4} *mit sich*^{3} *bringen* 무엇을 수반(초래)하다
sich^4 *in et.*^{4} *verwickeln* …에 휘말리다, …에 연루되다
ändern [동] 변화시키다, 바꾸다
dann [부] 그렇다면, 그러면, 그리고나서
die Verpflichtung _*en* 책임지움, 책무
die Tätigkeit _*en* 활동
so weit wie möglich 가능한 한 폭넓게, 최대한 멀리
die Aufmerksamkeit _*en* 주의
auf et.^{4} *Aufmerksamkeit lenken* 무엇에 주의(주목)하다
vermeiden [동] 피하다, 모면하다

6. Die Anfänge der Psychoanalyse

<S. 38>

der Anfang *Anfänge* 시작, 시초
die Psychoanalyse 정신분석, 심리분석
in den neunziger Jahren 90년대에
nämlich 왜냐하면(문두에 나올 수 없음)
Wiener [형] 빈의(Wien의 형용사형)

die Klinik _en 병원

Geisteskranke *pl.* 정신질환자

jm et.[4] *verdanken* 동 무엇이 누구의 덕택이다

die Zusammenarbeit _en 협력, 협동작업

bedeutend 형 중요한, 의미심장한(동 bedeuten의 현재분사형)

die Patientin _nen 여성 환자

das Krankheitssymptom _e 병의 증상

weichen 동 물러나다(여기서는 '병의 증세가 가라앉는다' 는 뜻)(wich, gewichen)

die Hypnose _n 최면상태

ungehemmt 부 거리낌없이

talking cure 대화요법

denn 접 …하기 때문에

während 전 …하는 동안에(2격 지배)

die Geistesstörung _en 정신장애

sprechen 동 말하다(er spricht; sprach, gesprochen)

berichten 동 보고하다(er berichtet)

etwas sehr Eigentümliches 뭔가 아주 특이한 일(사건)

geschehen 동 (사건이) 발생하다, 벌어지다 (es geschieht; geschah, geschehen)

obwohl 접 비록 …임에도 불구하고

furchtbar 부 끔찍하게, 극심하게

unter et.[3] *leiden* …에 시달리다, …로 고생하다 (litt, gelitten)

die Frucht *Früchte* 과일

löschen 동 (불을) 끄다, (갈증을) 해소하다

jm et.[4] *anbieten* 누구에게 무엇을 제공하다 (bot, geboten)

heftig 부 격렬하게, 거칠게

wegstoßen 동 밀쳐내다, 뿌리치다(stieß, gestoßen)

<S. 39>

hypnotisieren 동 최면을 걸다

erzählen 동 이야기하다

et.4 mit jm teilen 누구와 무엇을 공유하다, 함께 쓰다

die Abneigung _en 거부감

gegen jn Abneigung fühlen 누구에게 거부감을 느끼다

besitzen 동 소유하다

genauso ... wie ... …과 똑같이 …하다

unangenehm 형 불편한, 혐오스러운

die Herrin 여주인(der Herr의 여성형)

springen 동 뛰어오르다, 솟구치다 (sprang, gesprungen)

die Höflichkeit _en 정중함, 예의범절

gegenüber 전 …의 건너(맞은)편에(여기서는 누구의 '면전에서' 의 뜻)

der Vorfall *Vorfälle* (불의의) 사건, 불상사

von et.[3] *schweigen* 무엇에 관해 함구하다 (schwieg, geschwiegen)

die Hemmung _en (심리적) 압박감

verlangen 동 요구하다

gießen 동 (물을) 붓다(goss, gegossen)

aufwachen 동 깨어나다

ähnlich 형 유사한, 비슷한

entwickeln 동 개발하다, 발전시키다

das Unbewusste 무의식

beweisen 동 증명(입증)하다

psychisch 형 심리적인, 정신적인

das Erlebnis _se 체험

verursachen 동 유발(초래)하다

verdrängen 동 (고통이나 충격을 마음 속에서) 몰아내다, 억누르다

das Unterbewusstsein 잠재의식

weiterleben 동 살아남다, 잔존하다

behaupten 동 주장하다

psychoanalytische Behandlung 정신분석 요법(치료)

das Bewusstsein 의식

et.[4] *ins Bewusstsein zurückrufen* 무엇을 다시 의식으로 되불러내다

jn. von et.[3] *befreien* 누구를 무엇에서 벗어나게 하다.

7. Gentechnik — Hoffnung oder Bedrohung?

<S. 45>

die Gentechnik _en 유전공학
die Hoffnung _en 희망
die Bedrohung _en 위협
voraussichtlich 부 예상하건대
die Mitte _n 중간, 중반, 중엽
doppelt 형 이중의, 두 배의
versorgen 동 부양하다, 먹여살리다
die Landwirtschaft 농업
grundsätzlich 부 근본적으로
verändern 동 변화시키다
sich verändern 변화되다
die Anbaufläche _n 경작지
immer weiter 부 점점 더 넓게
vergrößern 동 확대(확장)하다
gefährlich 형 위험한
die tropischen Wälder 열대림
endgültig 부 최종적으로, 결국에는
verschwinden 동 사라지다
riesig 형 거대한, 광활한
die Steppe (건조한) 초원지대
die Wüste _n 황무지
brauchen 동 필요로 하다
die Pflanze _n 식물
die Nahrung _en 영양분
wertvoll 형 가치 있는
der Rohstoff _e 원료, 원재료
liefern 동 공급하다, 제공하다
der Dünger _ 거름
mit et.³ auskommen 무엇으로 연명하다, 충분히 살아가다
das Ungeziefer _ 해충
die Trockenheit _en 건조(한 기후)
et.³ widerstehen 동 무엇에 저항하다, 버티다
ausnutzen 이용(활용)하다
die Pflanzenzüchtung _en 식물재배
das Ziel _e 목표, 목적
erreichen 동 도달하다, 달성하다
die Aprikose _n 살구
die Kartoffel _n 감자
verbessern 동 개선(개량)하다
Erdbeersorten *pl.* 딸기류
entwickeln 동 개발하다
die Kälte 추위
ertragen 동 견디다
im Prinzip 원칙적으로
das Tier _e 동물
konstruieren 동 합성하다
der Anhänger _ 추종자
umweltfreundlich 형 환경친화적인
lösen 동 풀다, 해결하다
indem 접 …함으로써
schaffen 동 만들어내다, 창조하다 (schuff, geschaffen)
sich vor et.³ schützen …으로부터 자신을 보호하다

<S. 46>

ablehnen 동 거부하다
fürchten 동 두려워하다
am Ende 마침내, 결국에는
Lebewesen aus dem Labor 실험실에서 만들어진 생물
beherrschen 동 지배하다
zerstören 동 파괴하다
gewollt oder ungewollt 원하든 원치 않든 간에
der Krankheitserreger _ 병균, 병원체
erzeugen 동 만들어내다
unkontrolliert 부 통제받지 않고
ausbreiten 동 확산시키다

sich ausbreiten 확산되다, 퍼지다

experimentieren 동 실험하다

der Gegner _ 반대자

ein Synonym für et.[4] 무엇과 같은 말(동의어)

verantwortungslos 형 무책임한

Umgang mit der Natur 자연과의 교류

der Eingriff _*e* 개입

Eingriff in et.[4] …에 대한 개입

die Evolution _*en* 진화

die Schöpfung _*en* (신의) 창조, 피조물

Zweiter Teil

1. Deutsche Liebesgedichte und Liebeslieder

Ich liebe dich

die Sorge _*n* 근심, 배려

teilen 동 나누다, 나눠 갖다

ertragen 동 견디다, 감당하다

trösten 동 위로하다

der Kummer _ 근심, 걱정

die Klage _*n* 하소연

schützen 동 보호하다

erhalten 동 지켜주다, 보살피다

Mignons Lied

die Sehnsucht 그리움, 동경

antrennen 동 떼어놓다, 분리시키다

das Firmament _*e* 창공, 하늘(Himmel)

das Eingeweide _*n* 내장

schwindeln 동 어지럽다, 현기증이 나다

brennen 동 타다, 불타다(brannte, gebrannt)

Suleika

die Kunde _*n* 소식, 기별

die Bewegung _*en* 움직임

die Schwinge_*n* 날개

die Regung _*en* 움직임, 요동

kühlen 동 식혀주다

die Wunde _*n* 상처

kosen 동 애무하다

der Staub *Stäube* 먼지, 티끌

jagen 동 몰아대다, 사냥하다

die Rebenlaube _*n* 포도넝쿨 드리운 정자

lindern 동 누그러뜨리다, 완화시키다

die Wange _*n* 뺨

prangen 동 찬란히(눈부시게) 빛나다

flüstern 동 속삭이다

düstern 동 침울하게

weiterziehen 동 계속 나아가다

dienen 동 도움이 되다

der Hauch _*e* 입김, 숨결

Du bist wie eine Blume

anschauen 동 바라보다

die Wehmut _*e* 비애, 슬픔

schleichen 동 (몰래) 기어들어가다
(schlich, geschlichen)

das Haupt *Häupter* 머리, 몸통

beten 동 기도하다

Auf Flügeln des Gesanges

Ganges 갠지스 강

die Lotosblume _*n* 연꽃

das Veilchen _ 제비꽃, 바이올렛
kichern 동 킬킬거리다
heimlich 부 남몰래
das Märchen _ 동화
herbeihüpfen 동 껑충껑충 뛰어오다
lauschen 동 귀기울이다, 엿듣다
die Gazelle _*n* 가젤 영양(羚羊)
der Palmenbaum _bäume 종려나무

2. Vergissmeinnicht

<S. 65>

das Vergissmeinnicht _(*e*) 물망초
das Geschäft _*e* 일, 업무, 영업
als 접 …할 때
jm Ärger machen 누구를 괴롭히다, 화나게 하다
der Hauptweg _*e* 큰길, 대로
entlangkommen 동 …을 따라서 오다
schwarz gekleidet 검은 옷을 입은
geliehen 동 빌린, 빌려온(leihen의 과거분사형)
der Korb *Körbe* 바구니, 광주리
das Bepflanzen 식수(植樹)(동 bepflanzen의 명사형)
der frische Grab 갓 봉분한 묘
mit et.^{3} fertig sein 무엇을 끝마치다
der Andrang *Andränge* (사람들이) 몰림, 북적댐
sich an et.^{4} drängen 무엇의 가까이에 몰려들다, 쇄도하다.
sich^{3} et.^{4} aufzwingen 간신히(힘들게) 무엇을 하다
blicken 동 바라보다
quadratisch 동 정방형의, 정사각형의
rechteckig 형 장방형의, 직사각형의
der Topf *Töpfe* 화분, 항아리
der Kasten *Kästen* 상자
überlegen 동 신중히 생각하다

mustern 동 훑어보다
das Angebot _*e* 매물, 팔 물건
vergleichen 동 비교하다
sich in et.^{4} stellen 어디에 끼어 들어서다
die Reihe der Käufer 길게 늘어선 고객들
hasten 동 분주하게 움직이다
die Auswahl _*e* (물건을) 고르기
verpacken 동 포장하다
Geld einnehmen 요금을 받다
winterhart 형 겨울에도 잘 견디는
gießen 동 (물을) 주다, 뿌리다(goss, gegossen)

<S. 66>

zusammenpassen 동 서로 어울리다, 조화를 이루다
die Schnittblume _*n* 송이로 파는 꽃
das Treibhaus _*häuser* 온실
murren 동 투덜거리다, 불평하다
die Wartenden *pl.* 기다리는 사람들(warten의 현재분사형이 복수 명사화된 것)
dran sein 자기 차례가 되다
schweigsam 부 말이 없는, 묵묵부답인
vor Wut 화가 나서
die Hinterbliebenen *pl.* 유족들(hinterbleiben의 과거분사가 복수 명사화된 것)
die Toten *pl.* 고인들, 죽은 사람들(tot의 복수 명사화)
für sich rechnen 혼자 속으로 계산해 보다
stören 동 방해하다
das magere Angebot 볼품없는 물건, 싸구려 물건
studieren 동 여기서는 '꼼꼼히 살펴보다'의 뜻
das Stiefmütterchen _ 팬지꽃
sehr gefragt sein 수요가 무척 많은, 잘 팔리는
et.^{4} ausreden 무엇을 단념하도록 설득(종용)하다
in Frage kommen 고려의 대상이 되다
massenhaft 부 대량(다량)으로
Waren mittlerer Preisklasse 중간 가격대의 상품

jm zu et.^{3} raten 누구에게 무엇을 하도록 조언(권유)하다

die Erika, *Eriken* 히스(진달래과)

zu et.^{3} reichen 무엇을 하기에 충분하다

ausführlich [부] 상세히, 자세히

erklären [동] 설명하다

die Primel *_n* 앵초

sich für et.^{4} entscheiden 무엇을 하기로 결정하다

knurren [동] 투덜거리다

der Schuppen (가건물로 지은) 간이창고

der Ehemann 남편

jm als ... erscheinen 누구에게 …(한 것)처럼 보이다

entsetzt [부] 질겁해서, 깜짝 놀라서(entsetzen의 과거분사가 부사화된 것)

Grund haben, ... zu-Infinitiv …할 만한 이유가 있다

überreden [동] 설득하다

die Schlange der Wartenden 장사진을 치며 기다리는 사람들

an jm vorbei(gehen) 누구를 지나쳐서(가다)

umkehren [동] 돌아서다, 돌아오다

sich anstellen 줄을 서다

zurückgeben 돌려주다

die Schüchternheit 수줍음, 소심함

Strafe verdienen 벌을 받아 마땅하다, 혼나도 싸다

sich vornehmen [동] 기도(시도)하다

an der Reihe sein 차례가 되다

abnehmen [동] (빼앗듯이) 받다

die Nächste 다음 여성(nächst의 명사형)

was es denn sein sollte 무엇을 원하시느냐고(손님에게 묻는 말)

et.^{3} ausweichen 무엇을 피하다

begreifen [동] 이해하다, 알아듣다

das Gewicht *_e* 무게

hineintun [동] 담다, 집어넣다

zusammenpressen [동] (흙을) 다지다, 꼭꼭 누르다

<S. 67>

vom Umtausch ausgeschlossen 교환 사절(불가)

jm für die paar Mark Zeit stehlen 겨우 몇 마르크짜리를 사면서 누구의 시간을 빼앗다

das Theater mit ihr 그녀와 벌이는 소동

losgehen [동] 시작되다

die Kundin *_nen* 여성 고객

der Rosenstrauch *_sträucher* 장미나무

was davon verstehen 사정을(낌새를) 알아채다

sich in et.^{3} irren 무엇을 잘못 알아보다

nirgendsonst [부] 다른 어디에서도

Geht mich nichts an 나와는 상관없는 일이다, 내가 알 바 아니다

et.^{4} loswerden 무엇을 처리하다

knospen [동] 봉오리를 맺다, 갓 피어나다

mit Namen kennen 이름까지 아는 사이이다

der Erholungspark *_s*(드물게) *_e* 휴양공원

die Schwiegermutter 시어머니, 장모

die Verwandten *pl.* 친척들

die Arbeitsstelle *_n* 일자리, 일터

rausreißen [동] 뽑아내다

<S. 68>

Das geht nicht 그건 안 된다, 곤란하다

die hohe Sorte 상등품

die Genossenschaft *_en* 조합

sich mit et.^{4} füllen 무엇으로 가득 채워지다

das Schluchzen 훌쩍거림(schluchzen의 명사형)

sich über et.^{4} ärgern 무엇 때문에 화를 내다

die Hartnäckigkeit 집요함

jm einfallen 누구에게 어떤 생각이 떠오르다

unbeabsichtigt [부] 본의 아니게

unüberlegt [부] 경솔하게

zäher [형] 더 끈질긴(zäh의 비교급)

überleben [동] 살아남다, 더 오래 살다

das Verhältnis zu et. 무엇과의 관계

der Gärtner _ 정원사

der Pflegevertrag _verträge 관리계약

abschließen 동 (계약을) 맺다, 체결하다

hacken 동 괭이질을 하다, 경작하다

sich³ die Nase putzen 코를 닦다

sächsisch 형 작센 방언의

bedienen 동 (손님에게) 시중들다

die Pforte _n 출입문

verschwinden 동 사라지다

ohne Korb 바구니에 포장하지 않은

3. Damals

<S. 71>

damals 부 그 당시에

die fünfziger Jahre 50년대(여기서는 1950년대를 가리킴)

ein bisschen 약간, 조금

langweilig 형 지루한, 권태로운

schreien 동 소리지르다, 고함치다.

zum Schreien langweilig 고함을 지르고 싶을 정도로 지루한

zusammenpacken 동 (짐을) 싸다

die Sache _n 물건

ziehen 동 가다, 이동하다(zog, gezogen)

murmeln 동 중얼거리다

soviel wie ... …와 거의 다름없는

vergehen 동 지나가다, 흘러가다

gemütlich 형 아늑한, 분위기가 좋은

sich setzen 앉다

der Postbote _n 우편집배원

<S. 72>

der Bekannte 아는 사람, 지인(知人)(bekannt의 명사형)

unterhalten 동 부양하다, 즐겁게 해주다 (er unterhält; unterhielt, unterhalten)

sich unterhalten 담소하다

der Schnaps *Schnäpse* 소주, 독주

eigentlich 부 대체, 원래

plötzlich 부 갑자기

duzen 동 누구에게 du라고 말하다, 누구와 말을 놓다(↔ siezen)

sich duzen 서로 말을 놓다

neugierig 형 호기심이 많은

verstecken 동 숨기다, 은폐하다

nämlich 부 즉, 더 자세히 말하자면, 왜냐하면

unanständig 형 점잖지 못한

gespannt 형 긴장한. 부 긴장해서(spannen의 과거분사형)

gebären 동 낳다, 출산하다 (sie gebiert; gebar, geboren)

eben 부 바로, 방금 말한 그대로

die Bedienung _en 종업원

fließend 형 유창한(fließen의 현재분사형)

aufgehen 동 (문이) 열리다

hereinkommen 동 들어오다

verhältnismäßig 부 비교적, 어느 정도, 제법

das Gesicht _er 얼굴

gestatten 동 허락하다

Gestatten Sie! 실례합니다!

nicken 동 (긍정의 뜻으로 고개를) 끄덕이다

herrlich 형 멋진, 근사한, 훌륭한

kennen 형 알다

<S. 73>

der Offizier _e 장교

seitdem 부 그 이래로(← seit dem)

schweigsam 형 과묵한

zuhören 동 경청하다

schweigen 동 침묵하다(schwieg, geschwiegen)

rufen 동 외치다(rief, gerufen)
das Öl 기름
aufstehen 동 일어서다(stand auf, aufgestanden)
obwohl 접 …임에도 불구하고
wirken 동 작용하다, …한 인상을 주다
auf einmal 갑자기, 한꺼번에

4. Sintflut

<S. 75>
die Sintflut _en 홍수
unmerklich 부 모르는 사이에
anhaltend 부 지속적으로
der Guss *Güsse* (폭우가) 쏟아짐
wegsickern 동 (물이 땅에) 스며들다
verrinnen 동 (물이) 빠져나가다
die Pfütze _n 진창, 웅덩이
der Regenschirm _e 우산
der Gummistiefel _ 고무장화
die Maßnahme _n 조치
der Wetterkundler _ 기상학자
die Merkw rdigkeiten *pl.* 이변, 이상현상
auf et.[4] hinweisen 무엇을 지적하다
der Wetterablauf _*läufe* 기상 변화(추이)
die Entdeckung _en 발견
das Ufer _ 물가, 하안(河岸)
der Landesfeind _e 나라의 적, 반역자, 적국
ankreiden (분필로) 적어두다
jm et.[4] ankreiden 누구에게 무엇을 앙갚음하겠다고 벼르다
die Nachrichtenübermittlung _en 정보전달
verhindern 방해하다, 저지하다
synchron 동시적인
die Überschwemmung _en 범람, 홍수
der Tümpel _ 웅덩이, 늪

der Teich _e 연못, 저수지
sich zusammenschließen 합류하다
hauptsächlich 부 주로
vorübergehend 형 일시적인(현재분사)
die Witterung _en 날씨, 기후

<S. 76>
die Verlagerung _en 이동, 전이
die Erdachse _n 지축(地軸)
insgeheim 부 몰래, 비밀리에
die Fachleute *pl.* 전문가들
anheuern 동 고용하다
die Erfahrung _en 경험
die Bevölkerung _en 주민
das Stockwerk _e (건물의) 층(層)
zurückziehen 동 물러나다, 퇴각하다
versorgen 동 (식료품을) 공급하다
gewöhnen 동 적응시키다
sich an et.[4] gewöhnen 무엇에 적응하다
der Zustand *Zustände* (현)상태
die Persönlichkeit _en 인물, 인사
prägen 동 (구호를) 만들어내다
in aller Munde sein 인구에 회자되다
die Gewöhnung _en 적응, 길들여짐
stören 동 방해하다
beruhigend 형 안심시키는(현재분사)
der Zeitungsartikel _ 신문기사
beeindrucken 동 영향(감동)을 주다
ständig 부 끊임없이, 지속적으로
der Kahn *Kähne* 보트, 거룻배
dunsen 동 부풀다, 부어오르다
die Leiche _n 시체
absacken 동 침몰하다
um sich greifen 퍼지다, 번지다
markieren 동 (경계를) 표시하다, 구획하다
die Seuche _n 전염병

bitter 형 쓰라린, 혹독한

die Angst 불안, 공포

der Hubschrauber _ 헬리콥터

ragen 동 솟아오르다

das Rest *_e* 잔해

werfen 동 던지다, 투하하다
(er wirft; warf, geworfen)

das Flugblatt *_blätter* 전단

des Inhalts, dass ... …라는 내용의

abwenden 동 방지하다

gläubig 부 경건한 마음으로, 믿음을 가지고

ertrinken 동 익사하다

trüben 동 (시야를) 흐리게 하다

der Wolkenkratzer _ 마천루

spülen 동 씻어내다

verheimlichen 동 숨기다, 은폐하다

die Beteiligten *pl.* 당사자들(과거분사의 명사화)

zunehmen 동 증가하다

schwellen 동 불어나다

vorbereiten 동 대비하다

untergehen 동 몰락하다

5. Lieber Gott der Reichen

<S. 78>

der/die Reiche 부자(형 reich의 명사화)

der/die Arme 가난한 사람(형 arm의 명사화)

das Viertel _ (행정)구역

herrlich 형 훌륭한, 호화로운

die Villa *Villen* 빌라, 고급 별장, 호화주택

gepflegt 형 잘 손질된(가꾸어진)(pflegen의 과거분사형)

das Blumenbeet *_e* 화단

das Dienstmädchen _ 하녀

ausführen 동 데리고 나가다, 수행하다

das Kindermädchen 보모

die Köchin *_nen* (여자) 요리사

halten 동 간직하다(er hält; hielt, gehalten)

sich^{3} *et.*^{4}*[jn] halten* 쓸 수 있게 무엇을[누구를] 갖다 (고용하다)

der Chauffeur *_e* (승용차의) 운전사

daheim 부 자기 집에

der Blumengarten *_gärten* 화단, 화원

hausen 동 거주하다, 살다

winzig 형 조그마한, 보잘것 없는

die Hütte *_n* 오두막, 움막

fließen 동 흐르다

fließendes Wasser 수돗물

asphaltiert 형 아스팔트가 깔린

das Abwasser *Abwässer* (생활) 하수

der Schlamm *Schlämme* 진흙탕

nackt 형 알몸인, 벌거벗은

langen 동 충분하다, 미치다

<S. 79>

der/die Erwachsene 어른, 성인(erwachsen의 명사화)

das Armenviertel 빈민가

ärmlich 형 초라한, 가련한

der Platz *Plätze* 빈 자리, 공간

Platz finden 빈 자리를 찾다

der Pfarrer _ (가톨릭) 신부, 목사

das Elend 곤궁, 비참, 불행

das Stückchen 작은 조각(부분)

der Mais *_e* 옥수수

die Arbeitsstelle *_n* 일자리

verdienen 동 (돈을) 벌다

bewahren 동 보호하다, 보존하다

mächtig 형 거대한, 강력한

das Gebäude _ 건물

überragen 동 … 위에 치솟다, 능가하다

der Marmorboden _*böden* 대리석 바닥
die Marmorsäule _*n* 대리석 기둥
riesig 형 거대한
anschauen 동 바라보다
(sich[3]*) et.*[4] *anschauen* 무엇을 (유심히) 구경하다, 관찰하다
rühmen 동 자랑하다, 칭찬하다, 추천하다
es graust jm vor et.[3] 무엇이 누구를 소름끼치게 하다
mit et.[3] *nichts zu tun haben* 무엇과 아무 관계가 없다
die Armut 가난, 빈곤
Gott sei dank 다행히도
verreisen 동 여행을 떠나다
strömen 동 떼를 지어 오다, 몰려오다
kostbar 형 값비싼
der Schmuck _*e* 장식품, 장신구
die Kirchenstufe 교회 계단
der/die Allerärmste 극빈자(형 allerärmst의 명사화)
der Bettler _ 거지
das Treppenhaus _*häuser* 계단(층계)가 있는 공간
die Parkbank _*bänke* 공원 벤치
der Gottesdienst _*e* 미사, 예배
ausstrecken 동 내뻗다
anbetteln 동 구걸하다
die Münze _*n* 동전

<S. 80>
leisten 동 영위하다
sich[3] *et.*[4] *leisten können* 무엇을 할 경제적 능력이 있다
verlernen 동 (배운 것을) 잊다, (습관을) 버리다
träumen 동 꿈꾸다
das Portal _*e* 정문
aufstehen 동 열려 있다
andächtig 형 주의 깊은, 조심스러운, 경건한
hereinschleichen 동 몰래 들어오다
die Zehenspitze _*n* 발 끝, 발가락 끝
auf Zehenspitzen 발 끝으로, 살금살금
barfuß 형 맨발의
entsetzlich 부 엄청나게, 심하게
schmutzig 형 더러운
struppig 형 (머리카락이) 덥수룩한, 헝클어진
zerlumpt 형 누더기의, 너덜너덜한
verschimmelt 형 곰팡이가 슨
vertrocknet 동 메마른, 말라 딱딱해진
die Pellkartoffel _*n* 껍질째 찐 감자
annagen 동 물어뜯다
der Mülleimer _ 쓰레기통
wühlen 동 파헤치다
der Kirchendiener _ 교회 관리인
hinausscheuchen 쫓아내다
der Mittelgang _*gänge* 중앙 통로
der Altar *Altäre* 제단, 제대
zuwandern 동 (어느 곳으로) 옮겨가다
entrüsten 동 격분하다
rümpfen 동 찌푸리다
flüstern 동 속삭이다
geschehen 동 일어나다, 발생하다
(es geschieht; geschah, geschehen)
versammeln 동 소집하다, 불러 모으다
das Gefasel _ 허튼 소리
Schluss mit dem Gefasel! 허튼 소리 그만해!
zischen 동 (씩씩거리며) 중얼거리다
ausbreiten 동 펼치다, 넓히다
abschneiden 동 절단하다
jm den Weg abschneiden 누구의 길을 가로막다
wendig 동 빠른, 유연한
vorüberhuschen 동 획 지나가다
der Mülltonnenwühler _ 쓰레기통을 뒤지는 사람
verjagen 동 쫓아내다
schlüpfen 스쳐 벗어나다, 미끄러지다
die Verblüffung _*en* 깜짝 놀람, 당혹스러움
sich von et.[3] *erholen* …을 극복하다, 제정신으로 돌

아오다

das Kreuz _e 십자가

<S. 81>

ernst 동 진지한

emporlaufen 동 뛰어 오르다

recken 동 펴다, 늘이다

sich recken 손발을 뻗다, 기지개를 펴다

schwingen 동 흔들다

hinzufügen 동 덧붙이다, 추가하다

aufschreien 동 소리치다, 절규하다

erschrecken 동 놀라게 하다, 위협하다

der Ministrant _*en* (미사의) 복사(腹事)

zurückweichen 동 물러나 피하다

der Priester _ 사제

aufhören 동 중단하다

anstarren 동 노려보다, 주시하다

verstört 동 당황하는

schneeweiß 동 눈처럼 흰

sticken 동 장식하다, 수놓다

der Lilienstrauß _*sträuße* 백합 꽃다발

die Kerze _*n* 양초

zuhalten 동 닫아 두다, 막다

jm den Mund zuhalten 손으로 누구의 입을 막다

herunterzerren 동 아래쪽으로 잡아당기다

herschieben 동 이쪽으로 당기다

stolpern 동 비틀거리다

schluchzen 동 흐느껴 울다

sich wehren 저항하다, 막다, 제지하다

die Träne _*n* 눈물

die Wange _*n* 뺨

das Taschentuch _*tücher* 손수건

reißen 동 잡아 뜯다(riss, gerissen)

zornig 형 화가 난

das Spektakel _ 광경, 구경거리

was für ein- 어떤 종류의

lästig 형 불쾌한

peinlich 형 괴로운, 비참한

die Störung _*en* 방해

die Heilige Messe 성(聖) 미사

schweigen 동 침묵하다

runzeln 동 (주름살을) 찌푸리다

der Störenfried 훼방꾼, 소요자

unter sich[3] *sein* 자기들끼리만 있다

beschließen 동 결정하다

künftig 형 앞으로의, 미래의

der Wächter _ 경비원

das Bettelkind _*kinder* 거지 아이

hereinlassen 동 안으로 들어오게 하다

6. Anekdote von der Senkung der Arbeitsmoral

<S. 84>

die Anekdote _*n* 일화

die Senkung _*en* 몰락, 저하

die Arbeitsmoral 노동윤리

der Hafen *Häfen* 항구

die Küste _*n* 해안, 해변

kleiden 동 옷을 입히다

ärmlich gekleidet 초라하게 옷을 입은

das Fischerboot _*e* 고깃배, 낚싯배

dösen 동 꾸벅꾸벅 졸다

schick 형 세련된, 멋진

anziehen 동 옷을 입히다

schick angezogen 세련되게 옷을 입은

der Farbfilm _*e* 컬러 필름

der Fotoapparat _*e* 사진기

idyllisch 형 목가적인, 평화로운

der Wellenkamm _*kämme* 물마루

die Fischermütze _*n* 어부의 모자

aller guten Dinge sind drei 좋은 것은 언제나 세 개이다

spröde 형 거친, 조야한

feindselig 형 적개심이 있는

das Geräusch _*e* 소리, 소음

schläfrig 형 졸리는

aufrichten 동 (똑바로) 일으키다(세우다)

sich aufrichten (똑바로) 일어나다

die Zigarettenschachtel _ 담뱃갑

angeln 동 낚다, 낚시질하다

eifrig 형 진지한, 열심인

das Feuerzeug _*e* 성냥불, 라이터 불

eilfertig 형 성급한

die Höflichkeit _*en* 예의바름, 정중함

abschließen 동 끝내다, 마치다

nachweisbar 형 증명할 수 있는, 명백한

das Zuviel 과잉, 지나침

flink 형 재빠른, 민첩한

gereizt 형 흥분한, 격노한

die Verlegenheit _*en* 당혹, 당황

<S. 85>

mächtig 동 힘이 있는, 효과가 있는

eines Dinges mächtig sein 무엇에 숙달해 있다

überbrücken 동 중개하다, 화해시키다

der Fang *Fänge* 포획, 포획물

einen guten Fang machen[tun] 고기를 많이 잡다

das Kopfschütteln 머리를 가로저음

das Kopfnicken 머리를 끄덕임

die Nervosität _*en* 신경과민

etwas liegt jm am Herzen 무엇이 누구에게 매우 중요(소중)하다.

nagen 동 갉아먹다

an jm nagen 누구의 마음을 괴롭히다

die Trauer _ 비애, 슬픔

verfassen 동 놓치다

die Gelegenheit _*en* 기회

die Zeichensprache _*n* 몸짓 언어

übergehen 동 넘어가다

großartig 형 우수한, 굉장한

recken 동 뻗다

sich recken 기지개를 켜다

demonstrieren 동 과시하다, 보여주다

athletisch 형 체격이 다부진

phantastisch 형 환상적인

der Gesichtsausdruck _*drücke* 얼굴 표정

unterdrücken 동 억누르다, 제어하다

sprengen 동 폭발하다, 튀나

drohen 동 위협하다, 강요하다

prompt 형 즉각적인, 지체없는

knapp 형 빠듯한, 근소한

der Hummer _ 바닷가재

die Makrele _*n* 고등어

erwachen 동 잠을 깨다

auftauen 동 녹다, 마음을 터놓다

beruhigen 동 안심시키다

besorgt 동 걱정하는, 염려하는

unangebracht 동 적절하지 않은

rührend 형 감동적인, 마음을 흔드는

die Kümmernis _*se* 비애, 우수

erleichtern 동 가볍게 하다

der Bootsrand _*ränder* 보트의 가장자리

der Nachdruck _*drücke* 강조, 역점

verleihen 동 부여하다

et.[3] Nachdruck verleihen 무엇을 강조하다

<S. 86>

die Angelegenheit _*en* 일, 용무

sich in et.[4] mischen 무엇에 개입하다, 간섭하다

fortfahren 동 계속 가다, 계속하다

schütteln 동 흔들다

den Kopf schütteln 머리를 젓다

spätestens 부 늦어도

der Kutter _ 카터, 보트

die Begeisterung _en 감격, 흥분

verschlagen 동 가로막다, 방해하다

die Begeisterung verschlägt ihm die Stimme 감격해서 목소리가 나오지 않는다

das Kühlhaus _*häuser* 냉동창고

die Räucherei 훈제품 제조공장

die Marinadenfabrik _en 소스에 절인 고기 공장

der Hubschrauber _ 헬리콥터

der Fischschwarm _*schwärme* 고기떼

die Fischschwärme ausmachen 고기떼를 찾아내다

der Funk _en 무선 (전기)

per Funk Anweisungen geben 무선으로 지시하다

das Lachsrecht 연어잡이와 연관된 권리들(포획권 등)

erwerben 동 얻다, 획득하다

der Zwischenhändler _ 중간 상인

exportieren 동 수출하다

betrübt 형 슬퍼하는

verlustig 형 잃은

eines Dinges verlustig (gehen) 무엇을 잃다

die Flut _en 큰 물결, 파도

munter 형 쾌활한, 활기 넘치는

die Erregung _en 흥분, 고무

sich verschlucken 잘못 삼키다, (잘못 삼켜) 무엇이 기관(氣管)에 들어가다

tatsächlich 부 실제로, 사실상

nachdenklich 형 생각에 잠긴, 걱정하는

von dannen 거기서부터

<S. 87>

die Spur _en 흔적, 자취

das Mitleid 동정, 연민

mit jm Mitleid haben 누구를 동정하다

der Neid 질투, 시기

7. Das Volk der Mäuse

<S. 89>

die Maus *Mäuse* 쥐, 생쥐

die Fabel _n 우화

die Marktwirtschaft _en 시장경제

die soziale Marktwirtschaft 사회적 시장경제(사회적 평등 · 복지와 시장원리의 조화를 지향하는 경제체제)

schrecklich 형 무서운, 호된, 가공할

regieren 동 지배하다, 통치하다

jagen 동 쫓다, 몰다

aus dem Land jagen 국외로 쫓아내다

der Krieg _e 전쟁, 전투

leiden 동 참다, 견디다(litt, gelitten)

kämpfen 동 싸우다, 투쟁하다

teilen 동 나누다

et.⁴ in ... teilen 무엇을 …으로 분할하다

die Wirtschaftsordnung _en 경제 질서

idealistisch 형 이상주의적인

besitzen 동 소유하다

gründen 동 설립하다

die Planung _en 계획

frei von jeder Planung sein 어떤 계획도 세우지 않다.

das Planungskomitee _s 계획위원회

die Nahrung _en 식량

sammeln 동 모으다

organisieren 동 조직하다

die Höhle _n 동굴, 구덩이

zuteilen 동 배분하다

jm et.⁴ zuteilen 누구에게 무엇을 분배하다

das Unternehmen _ 기업, 사업

der Erfinder _ 발명가

die Frucht *Früchte* 과일, 열매

das Kraut *Kräuter* 채소, 약초

lecker 형 맛있는
das/der Gelee _*s* 젤리
bereiten 동 준비하다, 마련하다
beheizbar 형 난방할 수 있는
die Schlafplatz _*plätze* 잠자리

<S. 90>
gemütlich 형 기분 좋은, 안락한
die Speisekammer _*n* 식품 저장실
beobachten 동 관찰하다
köstlich 형 맛있는
das Gericht _*e* 요리
fliehen 동 도망가다(floh, geflohen)
errichten 동 세우다, 설립하다
das Gefängnis _*se* 감옥
jn in Gefängnis bringen 누구를 투옥하다
der Privatbesitz _*e* 개인 소유
zerquetschen 동 으깨다, 밟아 부수다
das Getreide _ 곡물, 곡식
die Mühe _*n* 노고, 수고
Mühe machen 애쓰다, 노력하다
der Lohn *Löhne* 임금, 보수
für wenig Lohn arbeiten 낮은 임금을 받고 일하다
die Wiese _*n* 초원, 목장
sämtlich 형 전체의, 모든
das Schloss *Schlösser* 성, 궁궐
bauen 동 짓다
sich³ et.⁴ bauen lassen 자신을 위해서 무엇을 짓게 하다
arbeitslos 형 무직의, 실업 상태의
erziehen 동 기르다, 양육하다
überleben 동 살아남다
das Dach *Dächer* 지붕
ein Dach über dem Kopf haben 거처가 있다, 집이 있다
das Spielzeug _*e* 장난감

<S. 91>
schützen 동 보호하다
die Gewerkschaft _*en* 노동조합
der Tarifabschluss _*abschlüsse* 임금 협약
außerdem 부 게다가
das Sozialkomitee _*s* 사회복지위원회
die Steuer _*n* 세금
die Versicherung _*en* 보험
die Rente _*n* 연금, 이자
die Arbeitslosenhilfe _*n* 실업자 구호금
die Krankenversicherung _*en* 의료보험
staatlich 형 국가의
die Sozialwohnung _*en* 공공임대주택
die Sozialhilfe _*n* 빈민 구호금
schimpfen 동 비난하다, 욕하다
die Abgabe _*en* 공과금
wohlhabend 형 유복한, 부유한

Dritter Teil

1. Kultur und Politik in Deutschland

<S. 95>
philosophieren 동 철학을 논하다, 사색하다
komponieren 동 작곡하다
sich mit et.³ beschäftigen 무엇에 열중하다, 종사하다
für et.⁴ gelten 무엇에 적용되다, 타당하다

<S. 96>
das Zentrum *Zentren* 중심
sich bilden 생기다, 형성되다
das Bürgertum 시민, 시민계급
die Lage _*n* 상황, 정세
aus et.³ bestehen 무엇으로 구성되다

regieren 동 지배(통치)하다
der Fürst _en 영주, 군주, 제후
das Gebiet _e 지역, 영지, 영역
der Bischof *Bischöfe* 주교
an et.[4][jn] denken 무엇을(누구를) 생각하다
die Bevölkerung _en 주민, 인구
empfinden 느끼다(empfand, empfunden)
sich als et.[4][jn] empfinden 자신을 무엇이라고(누구라고) 느끼다
fördern 동 후원하다, 장려하다
der Vorteil _e 장점, 이점
die Wissenschaft _en 학문, 과학
konzentrieren 동 집중하다
sich konzentrieren 집중되다
die Kulturhoheit 문화 주권
getrennt bleiben 떨어져 있다, 별개의 것이다
die Entscheidung _en 결정, 결단
das Verhältnis _se 관계
autonom 형 자율적인
sich an et.[3] beteiligen 무엇에 관여(참여)하다
die Entwicklung _en 발달, 발전, 전개
verlaufen 동 경과하다, 진행되다
(er verläuft; verlief, verlaufen)
gewaltsam 형 폭력적인
fortschrittlich 형 진보적인
die Idee _n 이념, 관념, 사상
sich verbessern 나아지다, 개선되다
das Mittel _ 수단, 방법

<S. 97>

das Spiel _e 놀이, 유희
erziehen 동 교육시키다(erzog, erzogen)
einflussreich 형 영향(력)이 큰
schätzen 동 (높이) 평가하다
diktatorisch 형 독재의
die Feier _n 축제, 휴일
eine Reihe von et.[3] 일련의 무엇
einheitlich 형 단일한, 획일적인
das Wirtschaftsgebiet _e 경제 지역(구역)
inzwischen 부 그 동안에, 그 사이에
die Wirkung _en 작용, 효과
zum Ersatz für et.[4] 무엇의 대신으로(대체물로)
sich gegen et.[4][jn] wehren 무엇(누구)에 대항하다
der Adel 귀족, 귀족계급
die Unterstützung _en 지원, 후원
mit et.[3] zusammenhängen 무엇과 연관되어 있다
der/die Intellektuelle 지식인, 지성인(intellektuell의 명사화)

<S. 98>

die Oppositionellen *pl.* 야당측 사람들, 반대하는 사람들(oppositionell의 명사화)
der Fortschritt _e 진보
der Standort _e 소재지, 입장
überleben 동 살아남다
wachsend 형 자라나는, 늘어나는
der Anhänger _ 추종자
verarbeiten 동 소재로 사용하다, 가공하다
die Traurigkeit 슬픔, 비애
besiegen 동 정복하다
das Versprechen brechen 약속을 어기다
verspotten 동 조롱하다
sich um et.[4] kümmern 무엇에 마음(신경)을 쓰다
vor et.[3] Ansgt haben 무엇에 대해 불안해 하다
der Revolutionär _e 혁명가
das Exil _e 추방, 망명
flüchten 동 피난하다, 도주하다
sich verändern 변하다, 바뀌다
der Verzicht auf et.[4] 무엇에 대한 포기(단념)
die Handlung _en 행위, 줄거리
akzeptieren 동 받아들이다
die Monarchie _n (절대) 군주제

<S. 99>

ausbleiben 동 지체하다, 중단되다

immer perfekter 점점 더 완벽하게

monumental 동 기념비적인, 장대한, 불멸의, 역사에 길이 남을

an et.[4] *anknüpfen* 무엇과 연결(연관)되다

umfassen 동 에워싸다, 포괄하다

einbeziehen 동 포함하다(bezog ein, einbezogen)

ausdrücken 동 표현하다

der Ausdruck *Ausdrücke* 표현, 표출

bis an die Grenze zu et.[3] 무엇의 경계(한계)에 이를 때까지

übernehmen 동 넘겨받다(er übernimmt; übernahm, übernommen)

konsequent 형 시종일관된

die Logik 논리, 논리학

die Atonalität 무조(성), 무조양식

willkürlich 형 자의적인, 제멋대로인

zu et.[3] *führen* 무슨 결과에 이르다, 무엇을 낳다

zerstören 동 파괴하다

einsetzen 동 투입하다, 나타나다

die Hoffnung auf et.[4] 무엇에 대한 희망

sich verbreiten 퍼지다, 유포되다

neben Schönbergs Zwölftontechnik 쇤베르크의 12음 음렬 기법 외에도

in Zusammenarbeit mit jm 누구와 협력하여, 공동으로

gesellschaftskritisch 형 사회비판적인

die Rechte 우익, 보수파(↔ die Linke)

<S. 100>

sich mit et.[3]*[jm] abfinden* 무엇과(누구와) 타협하다

wertvoll 형 값진, 소중한

retten 동 구하다

et.[4]*[jn] für et.*[4]*[jn] halten* 무엇을(누구를) 무엇으로(누구로) 간주하다

der Gegensatz *_sätze* 대립, 대조

im Gegensatz zu et.[3] 무엇과 달리(반대로)

als et. gelten 무엇으로 간주되다

nachempfinden 동 동감하다

übergeben 동 넘겨주다(übergab, übergeben)

ins Ausland 외국으로

fliehen 동 도망하다(floh, geflohen)

sich von et.[3] *erholen* 무엇으로부터 회복되다

das Eigentum *Eigentümer* 소유물, 재산

die Erbschaft *_en* 상속, 유산

von einem Fürsten zum anderen 이 제후에서 저 제후로

der Einwohner _ 주민, 거주자

mitbestimmen 동 어떤 결정에 함께 하다

der/die Adlige *_n* 귀족

sich an et.[3]*[jm] orientieren* 무엇을(누구를) 모범으로 삼다, 무엇(누구)에 맞추다

die Truppe *_n* 부대

besetzen 동 차지하다, 점령하다

die Verwaltung *_en* 행정

das Gesetz *_e* 법

einführen 동 도입하다

erkennen 동 인식하다, 깨닫다(erkannte, erkannt)

Erfahrungen sammeln 경험을 쌓다

die Ordnung *_en* 질서

oberflächlich 형 피상적인, 천박한

et.[4] *in den Mittelpunkt stellen* 무엇을 중심에 두다

sich ändern 바뀌다, 달라지다

rechtlos 형 권리가 없는

das Mittelalter 중년, 중세

die Gemeinschaft *_en* 공동체

<S. 101>

der Sieg über et.[4]*[jn]* 무엇(누구)에 대한 승리

sich von et.[3]*[jm] distanzieren* 무엇을(누구를) 멀리하다, 무엇과(누구와) 거리를 두다

isoliert 형 고립된, 격리된(동 isolieren의 과거분사

형)

vorherrschend 형 압도적인(동 vorherrshcen의 현재 분사형)

et.[4] *zur Grundlage haben* 무엇을 토대로 하다

das Trauerspiel 비극

betonen 동 강조하다

grundlegend 형 기초의, 근본적인

schaffen 동 행하다, 성취(달성)하다

sich mit et.[3]*[jm] verbünden* 무엇과(누구와) 연합(동맹)하다

die Verachtung 경멸, 경시

bekämpfen 동 격퇴하다, 제압하다

erfinden 동 고안(발명)하다, 생각해 내다 (erfand, erfunden)

das Sozialversicherungssystem 사회복지체제(제도)

prägen 동 각인하다, 특징짓다

der Standesunterschied 신분(계급)의 차이

die Hierarchie _n 위계질서, 서열

eine klare Hierarchie von Befehlenden und Gehorchenden 명령하는 자와 복종하는 자 간의 분명한 위계질서

vernünftig 형 이성적인, 합리적인

der Führer _ 지도자

die Strömung _en 흐름, 경향

vereinigen 동 통합(규합)하다

ablehnen 동 거부하다, 기각하다

im Mittelpunkt stehen 중심에 서 있다

die Propaganda 선전

die Rasse _n 인종

noch ärmer 더욱 더 가난한

beschließen 동 결의하다(beschloss, beschlossen)

übergeben 동 넘겨주다, 양도하다

das Verbrechen _ 범죄

<S. 102>

Widerstand leisten 저항(항거)하다

leiden (고통을) 겪다(litt, gelitten)

in Gefangenschaft leiden 감옥에서 고초를 겪다

ums Leben kommen 목숨을 잃다

verfolgen 동 추적하다, 박해하다

sexuell Abweichende 성적 일탈자들

reagieren 동 반응하다

das Regime _(s) 정권, 체제

mit wenigen Ausnahmen 몇몇을 제외하고는

sich auf js. Seite stellen 누구의 편에 서다

von außen 외부로부터

der Zwang zur Modernisierung 현대화의 압박(불가피성)

sich auf et.[4] *gründen* 무엇에 근거하다(기반을 두고 있다)

wirksam 형 효과적인, 유효한

von der Vergangenheit beeinflusst bleiben 과거로부터 계속 영향을 받다

mitwirken 동 협력하다, 참여하다

im nächsten Abschnitt 다음 장(章)에서

der Unterschied zum Deutschland vor 1945 1945년 이전 독일과의 차이

überwinden 동 극복하다, 이겨내다 (überwand, überwunden)

als et.[4]*[jn] anerkennen* 무엇으로(누구로) 인정하다 (anerkannte, anerkannt)

gleichberechtigt 형 동등한 권리를 가진

die Zugehörigkeit _en 소속(됨)

verbreiten 동 퍼뜨리다, 전파하다

propagieren 동 선전하다

<S. 103>

die Ungleichheit _en 불일치, 불평등

der Besitz _e 소유, 점유

der Publizist _en 저널리스트, 기자

die Zensur _en 검열

fortgeschritten 형 앞선, 진보한

verhöhnen 동 조롱(조소)하다

folgenreich 형 성과가(영향이) 큰

der Flüchtling _e 피난민, 망명자

die Folge _n 결과

geschehen 동 일어나다, 벌어지다

(es geschieht; geschah, geschehen)

funktionieren 동 작동하다, (어떤) 역할을 수행하다

sich auf et.^{4} stützen 무엇에 의지하다, 바탕을 두다

sich organisieren 조직되다

die Zustimmung _en 찬성, 동의

analysieren 동 분석하다

heuchlerisch 형 위선적인

an et.^{4}[jn] glauben 무엇을(누구를) 믿다

zu et.^{3} gehören 무엇에 속하다, 무엇의 일원이다

die Zerstörungskraft _*kräfte* 파괴력

die Bedrohung _en 위협

gestalten 동 형성하다, 형상화하다

<S. 104>

die Bürokratie _n 관료주의

entfremdet 형 소외된

begrüßen 형 환영하다

die Befreiung _en 해방

stürzen 동 붕괴시키다, 전복하다

erhalten beleiben 동 보존(유지)되다

(erhalten은 동 erhalten의 과거분사형)

beseitigen 동 제거하다, 청산하다

der Imperalismus 제국주의

für et.^{4} verantwortlich sein 무엇에 대해 책임이 있다

et.^{4}[jn] von et.^{3}[jm] unterscheiden 무엇과(누구와) 무엇을(누구를) 구별(구분)하다

NSDAP (=Nationalsozialistische Deutsche Arbeiterpartei) 국가사회주의 독일 노동당, 나치스

unterdrücken 동 억압(탄압)하다

<S. 105>

die Verlust 손실

sich erholen 회복되다

fortsetzen 동 계속하다

an jn anschließen 누구와 가까워지다

auf et.^{4}[jn] hoffen 무엇에(누구에게) 희망을 걸다

der Zerfall 붕괴, 와해

der Anschluss an et.^{4} 무엇과의 관련

der Anschluss an die BRD 서독과의 합병

aufnehmen 동 받아들이다

(er nimmt auf; nahm auf, aufgenommen)

durchbrechen 동 격파하다, 타개하다

(er durchbricht; durchbrach, durchbrochen)

der Aufbruch *Aufbrüche* 출발, 각성

nützlich 형 쓸모 있는, 유익한

die Gewerkschaft _en 노동조합

neoliberal 형 신자유주의의

der Premierminister 국무총리, 수상

<S. 106>

skeptisch 형 회의적인, 미심쩍어하는

2. Die Idee des Rechts im modernen Drama

<S. 108>

das Recht _e 정의, 권리, 법

vorwärts schreiten 전진하다, 진보하다

je + 비교급 ... desto + 비교급 ... …할수록 점점 더 …하다

die bestehende Ordnung 기존 질서

jm gleichen 누구와 비슷하다

der Titan _en 거인, 거장

die Bande _n 패거리, 집단

zersprengen 동 파열시키다, 해산시키다

trachten ... zu-Infinitiv …하려고 하다
die Fessel *_n* 족쇄, 속박
die Selbstsucht 이기심, 사욕
die Staatsgewalt 국가 권력
aufstreben 동 오르려고 노력하다, 발전을 추구하다
der Genius 수호신, 창조적 정신, 천재
die Rechtsordnung *_en* 법질서
ihrem tiefsten Grunde nach 근본적으로는
heiligen 동 신성하게 하다, 정당화하다
jm der Gedanke aufgehen, dass ... 누구에게 어떤 생각이 들다
lauten 동 소리나다, …라는 내용이다
der Satz *Sätze* 교리, 명제
anheben 동 시작되다(hob an, angehoben)
der Richterstuhl *_stühle* 법관석, 판사의 직무

<S. 109>

sich rechtfertigen 정당화되다
in et.[3] Sitz haben 어디에 자리잡고 있다
die kategorische Forderung an et.[4] 무엇에 대한 절대적인 요구
so weit als möglich 가능하면 널리
und zwar 보다 정확히 말하자면, 부연하자면
die Anschauung *_en* 바라봄, 견해
die Selbstbestimmung *_en* 자율권
die Schranke *_n* 난간, 한계, 장벽
gewähren 동 베풀다, 보증하다
verleihen 동 마련해 주다, 부여하다 (verlieh, verliehen)
hervortreten 동 나타나다, 두드러지다
die Konsequenz *_en* 논리정연함, 철저함
vor lauter Freiheit 무조건 자유만 앞세우다 보니
zur Reife bringen (여건을) 성숙시키다, 무르익게 하다
sich zu et.[3][jm] wenden 무엇에(누구에게) 눈을 돌리다
die Unvernünftigkeit und Unhaltbarkeit des Bestehenden 기존 질서(체제)의 비합리성과 부당성
jm.[et.[3]] entgegentreten 누구에게(무엇에) 맞서다

<S. 110>

verrottet 형 부패한, 타락한
tyrannisch 형 폭군의, 독단적인
verhalten 형 억눌린, (소리가) 낮은
hervorbrechen 동 불쑥 튀어나오다
von Geschlecht zu Geschlecht 대대로
ehrfurchtgebietend 형 경외심을 불러일으키는
der Schirmherr *_en* 후원자, 옹호자
der Schurke *_n* 악당, 악한, 건달
der Landesvater *_väter* 군주
bieder 형 성실한, 우직한
der Feldhauptmann *_leute* 용병 대장
jm die Stirn bieten 누구에게 맞서다, 저항하다
alles Große zur Erde niederdrücken 모든 위대한 것을 찍어누르다(억압하다)
der Keim *_e* 맹아, 싹
die Schnürbrust *_brüste* 조끼형 코르셋
der Schneckengang *_gänge* 달팽이 걸음, 느린 걸음
verderben 동 상하다, 변질되다, 몰락하다
brüten 동 알을 품다, 부화하다
der Koloss *_e* 거상(巨像), 거인
den Blick von et. abwenden 무엇으로부터 시선을 돌려버리다
die Kluft *Klüfte* 간극, 괴리
sich auftun 나타나다, 보이다.
das Jahrhundert ist meinem Ideal nicht reif 금세기에는 내 이상이 실현될 여건이 성숙되지 않았다
sich von et.[3] trennen (어쩔 수 없이) 무엇을 버리다(포기하다)
unveräußerliche Rechte 양도할 수 없는 권리
kraft 무엇에 힘입어, 무엇 덕분에(2격 지배 전치사)

<S. 111>

umschaffen 동 변형하다, 개조하다

(schuf um, umgeschaffen)

ohne Rücksicht auf et.^{4} 무엇을 고려하지 않고

für et.^{4} *fallen* 무엇을 위해 순사(殉死)하다

die Freiheit an die Stelle der Tyrannei setzen 전제정치 자리에(대신에) 자유의 기치를 내걸다

enteignen 동 소유권을 박탈하다

von jm Rechenschaft über et.^{4} *fordern* 누구에게 무엇에 대한 해명을 요구하다

die Verklärung _*en* 미화, 변용

der Eidgenosse *n* 동맹자

getrost 형 안심하고, 편한 마음으로

der Urstand *Urstände* 원시 상태

verfangen 효력 있다, 쓸모 있다

(er verfängt; verfing, verfangen)

der Kampf ums Recht 정의(권리)를 위한 투쟁

schroff 형 가파른, 급격한

et.^{3}*[jm] gegenüberstehen* 무엇과(누구와) 대비(대립)되다

jm et.^{4} *in die Hand drücken* 누구의 손에 무엇을 쥐어주다.

das Schwert ziehen 칼을 빼다

<S. 112>

über et.^{4} *hinausschreiten* 무엇을 능가(극복)하다

zertrümmern 동 파괴하다, 붕괴(와해)시키다

der Zwingherr _*en* 전제군주, 폭군

das liegt nicht in meiner Absicht 그것은 내 의도가 아니다

getrübt 형 어두운, 흐려진, 침울한

jn[et.^{4}*] in et.*^{4} *hineinziehen* 누구를(무엇을) 어디에 끌어들이다

unterlassen 동 중단하다

(er unterlässt; unterließ, unterlassen)

die Hoheit _*en* 숭고, 위엄, 폐하

von et.^{3} *durchdrungen sein* 무엇으로 꽉 차 있다

wie kein zweiter[wie keine zweite] 어느 누구 못지않게

mit so verzehrender Glut 그토록 사무치는 열정으로

lodern 동 활활 타오르다

das Lustspiel _*e* 희극

mit et.^{3} *übereinstimmen* 무엇과 일치하다, 무엇에 동의하다

die Hartnäckigkeit _*en* 완고함, 집요

<S. 113>

sich widerspiegeln 비치다, 반영되다

sich zum Tod verurteilen 사형선고를 받다

jn zu et.^{3} *verdammen* 누구를 어떤 유죄판결을 내리다, 비난하다

die höchste Strafe auf sich nehmen 극형을 감수하다

et.^{4} *für gerecht erkennen* 무엇을 정당한 것으로 인정하다

verschmähen 동 (경멸하여) 거부하다

vergönnen 동 허락하다

sich^{4} *et.*^{3} *beugen* 무엇에 굴복하다

die Befolgung _*en* 명령, 준수, 복종

herb 형 떫은, 신랄한, 퉁명스러운

rauh 형 거친, 가공되지 않은

3. Am Vorabend des Tages der Deutschen Einheit

<S. 115>

der Vorabend _*e* 전야(全夜)

vereinen 동 통합(통일)시키다, 일치시키다

den Blick nach vorn richten 앞을 향해(미래로) 시선을 돌리다

bei aller Freude 모든 기쁨에도 불구하고

unter et.^{3} *leiden* 무엇에 시달리다

auseinander reißen 갈라 떼어놓다(riss auseinander, auseinander gerissen)

die Haftanstalt *_en* 교도소, 감옥

der/die Gefangene *_n* 포로(형 gefangen의 명사화)

einkerkern 동 투옥하다

an et.^{3} sterben 어떤 병으로 죽다

jm et.^{4} schulden 누구에게 무엇을 빚지고 있다, 무엇을 해 줄 의무가 있다

jm erspart bleiben 누가 (무엇을) 면하게 되다.

<S. 116>

jm et.^{4} zu verdanken haben 무엇에 대해 누구의 신세를 지다, 무엇은 누구의 덕택이다

aus eigener Kraft 자력으로

in vollem Einvernehmen mit unseren Nachbarn 우리 이웃들과 완전히 화합하여, 우리 이웃들의 전적인 이해(협조)하에

allen voran 누구보다도

zu jm halten 누구를 지지하다, 누구의 편이 되어 주다

jm Dank schulden 누구에게 고마워해야 한다.

für et.^{4}[jn] eintreten 무엇의(누구의) 편을 들다, 무엇을(누구를) 대신하여 일하다

die Aussöhnung *_en* 화해, 조정

das Recht der Völker auf den eigenen Weg 민족들이 각자 자기의 길로 갈 권리, 민족 자결권

jm et.^{4} ausliefern 누구에게 무엇을 내 주다, 누구의 손에 무엇을 맡기다

zuverlässig 형 신용할 수 있는, 믿을 만한

Aufgeschlossenheit für den Nächsten 이웃 국가(사람)에 대한 개방적인 태도(열린 마음)

Achtung vor dem Andersdenkenden 의견을 달리하는 사람을 존중해 주는 태도

Verbundenheit mit den Mitbürgern 동포들과의 연대

<S. 117>

zusammenhalten 동 결속시키다, 일치단결하다 (er hält zusammen; hielt zusammen, zusammengehalten)

blühend 형 생기발랄한, 한창인

eines Dinges gewiss sein 무엇을 확신하다

über Nacht 밤새, 갑자기, 급격히

überschaubar 형 한눈에 알 수 있는, 조망할 수 있는

in einer überschaubaren Zeit 머지않은 시기에

hüben und drüben (구동독에서) 이쪽(=동독 지역)과 저쪽(=서독 지역)

SED = Sozialistische Einheitspartei Deutschlands 독일사회주의 통합당(구동독 집권당의 명칭)

in et.^{4} aufteilen 무엇으로 분할(분류)하다

die Bewährungsprobe *_n* (자신을) 입증(할) 시험, 검정시험

jm eine Wunde schlagen 누구에게 상처를 입히다

die Gerechtigkeit *_en* 정의, 공정

sühnen 동 속죄하다, 배상하다, (속죄시키기 위해) 처벌하다

der gemeinsamen Freiheit würdig 함께 자유를 누릴 만한 자격이 있는

segnen 동 성호(聖號)를 긋다, 축복하다

4. Die Wiedervereinigung als andauernde Aufgabe

<S. 120>

antreten 동 시작하다, (발을) 내딛다

in der[aller] Regel 대개, 일반적으로

bruchstückhaft 형 단편적인, 미완성의

die Hinterlassenschaft *_en* 유산

die Spur *_en* 흔적, 발자국

et.^{3} auf der Spur sein 무엇의 흔적을 더듬다, 추적하다

von et.^{3} handeln 무엇을 다루다
jeweils 부 그때마다
doppelbödig 형 이중의, 모호한, 복합적인
die Reichsgründung 제국 수립
hervorrufen 동 야기하다, 불러일으키다
sich erlauben ... zu-Infinitiv 감히 …하다

<S. 121>

et.^{4} hinter sich haben 무엇을 겪어내다, 무엇을 해치우다
(jn) bevormunden (누구의) 후견인 노릇을 하다, 뒤를 봐주다, 감독하다
berufen 형 적임의, 천부적인(berufen의 과거분사)
besserwisserisch 형 유식한 체하는
jm besserwisserisch begegnen 누구를 얕잡아 보다
herablassend 형 얕잡아 보는, 거만한, 주제넘은 (herablassen의 현재분사)
raffgierig 형 탐욕적인
die Konkursmasse _n (파산 때 강제집행의 대상이 되는) 파산 재산
schleunigst 부 신속히, 즉시
die Treuhandanstalt _en (특히 독일 통일 직후 구동독 기업의 매각을 관장했던) 신탁 관리청
abwickeln 동 (빚을) 청산하다, (일을) 처리하다, (감은 것을) 풀다
sich anma en ... zu-Infinitiv 주제넘게 …하다
evaluieren 동 평가하다, 사정하다
in der Mode sein 유행하다
die Gesinnung _en 신조, 신념, 성향
die Währung _en 화폐, 통화
die Übereignung _en 양도
et.^{4} zur Folge haben 어떤 결과를 가져오다
der Zug *Züge* 기차, 추세, 이동 과정
ohnegleichen 형 비할 바 없는, 대단한
fürsorglich 형 잘 보살피는, 사회사업의
sich fürsorglich geben 잘 보살펴 주는 듯이 행동하다

der Spitzel _ 스파이, 간첩
bloßstellen 동 폭로하다, 웃음거리로 만들다
notorisch 형 상습적인, 공공연한, 주지의
der Schwarzseher _ 비관론자, 비판론자
die Verfassung _en 헌법
eine Verfassung geben 헌법을 제정하다
der Artikel _ (법률의) 조, 조항
das Grundgesetz _e 기본법, 헌법
missachten 동 무시하다
vertun 동 허비하다, 다 쓰다
eine Chance vertun 기회를 놓치다

<S. 122>

einlösen 동 (의무, 약속 등을) 완수하다, 이행하다, 상환하다
absehen 동 예측하다, 간파하다
jm et.^{4} absehen 누구에게서 무엇을 알아차리다
beglückwünschen 동 축하하다
jn zu et.^{3} beglückwünschen 누구의 무엇을 축하해 주다
anweisen 동 지시하다, 위임하다, 배정하다
auf jn angewiesen sein 누구에게 의존(의지)하다
Glasnost- und Perestroika-Politik 개혁 · 개방 정책
der Anstoß *Anstöße* 계기, 자극
Solidarnosc-Bewegung (폴란드의) 시민연대(연대노조, 자유노조) 운동
zugreifen 동 붙잡다, 개입하다, (기회를) 포착하다 (griff zu, zugegriffen)
von Gewicht sein 중요하다
Oder-Neiße-Linie 오더-나이세 강 국경선(2차 세계대전 이후 독일의 동쪽 국경선)
Eiserner Vorhang 철의 장막
der Schrott _e 고철, 고물
anbahnen 동 길을 트다, 개척하다, 시작하다

<S. 123>

gravierend 형 심각한, 중대한
(gravieren의 현재분사)

austragen 동 (어떤 결과가 되도록) 충분히 유지시키다, (분쟁을) 해결하다, 승부를 판가름하다, 참아내다

willens sein ... zu-Infinitiv …할 용의가 있다.

eins zu eins übertragen 1대 1로 옮기다, 똑같이 적용하다

abschätzen 동 평가하다, 어림잡다; 경시하다

aus verkürzter Sicht abgeschätzt 좀 단순한 시각으로 평가하자면

lästig 형 성가시게 하는, 짐이 되는

<S. 124>

jn vor et.³ warnen 누구에게 무엇을 하지 말라고(조심하라고) 경고하다

die Überbrückung *_en* 다리, 육교

Überbrückungsphase als Konföderation zweier Staaten 2국가연합이라는 과도기 단계

die Konföderation 국가연합(체제)

die Devise *_n* 슬로건, 모토

behutsam 형 신중한, 보호하는, 돌보는

zuordnen 동 누구를(무엇을) 무엇에 배치하다, 소속시키다

et.³ zum Trotz 무엇에도 불구하고, 무엇에 거역하여

die Stunde der Einheit schlug 통일의 순간이 다가왔다

eingreifen 동 포함하다, 계산에 넣다
(griff ein, eingegriffen)

diffamieren 동 폄하하다, 비난하다

die Schutthalde *_n* 쓰레기장, 폐허

kippen 동 기울이다, 기울여 비우다, 기울다, 넘어지다

zumal 부 특히, 더욱이. 접 특히 …이기 때문에

5. Die Vergangenheit erkennen, die Zukunft gestalten

<S. 127>

gelten 동 유효하다, 통용되다
(es gilt; galt, gegolten)

für[als] et. gelten 무엇으로 간주되다

die Rede *_n* 연설

anlässlich (…을) 계기로(2격 지배 전치사) 부 가끔, 때때로

die Verleihung *_en* 수여

die Würde *_n* 학위

die Auszeichnung *_en* (훈장 등의) 수여, 표창, 칭찬; 탁월, 우수

der Ausdruck *Ausdrücke* 표현, 표시

ausgezeichnet 탁월한, 우수한

das Renomme *_s* 명성, 평판

erwerben 동 얻다, 획득하다(erwarb, erworben)

sich³ ein hohes Renomme erwerben 높은 명성을 얻다

der Horizont *_e* 지평선, 수평선, 지평

die Herausforderung *_en* 도전

die Stätte *_n* 장소

die Bildungsstätte 교육의 터전

<S. 128>

führen 동 이끌다

ein Land in die Zukunft führen 한 나라의 장래를 이끌다

unbestreitbar 형 논란의 여지가 없는, 명백한

et.⁴ mit sich bringen 가져오다, 초래하다

der Wohlstand *_stände* 복지

der Austausch *_e* 교류, 교환, 교체

die Angst 불안, 두려움

verlieren 동 잃다, 상실하다; 패배하다

(verlor, verloren)
der Einfluss *Einflüsse* 영향(력)
auf et.[4] *Einfluss nehmen* 무엇에 영향력을 행사하다
die Abhängigkeit *_en* 종속, 의존
dominieren 동 지배하다
annehmen 동 (어떤 특성을) 띠다, 받아들이다, 가정하다, 추정하다
bewahren 동 보존하다, 보호하다
die Anerkennung *_en* 인정, 승인, 존중
bzw. = beziehungsweise 그리고, 또는
übernehmen 동 넘겨받다
eine gestaltende Aufgabe übernehmen 주도적 과제를 (역할을) 떠맡다

<S. 129>

die Einbindung *_en* 연결, 편입, 집어넣어 묶음; 포장
gleichtberechtigt 형 동등한 권리를 지닌
die Geltung *_en* 통용, 효력
zur Geltung kommen 통용되다, 인정받다
gedeihen 형 번성하다, 번창하다(gedieh, gediehen)
angesichts …에 직면하여(2격 지배 전치사)
die Bündelung *_en* 결집
überfordern 동 과도한(부당한) 요구를 하다
mobilisieren 동 동원하다; 활성화하다
das Schicksal *_e* 운명, 숙명
begleiten 동 동반하다, 수반하다
herbeisehnen 동 고대하다
von et.[3] *überzeugen* 무엇에 대해 확신하다
der Graben *Gräben* 도랑, 구덩이, 굴
der Schritt *_e* 걸음, 보조; 조치
schrecklich 부 끔찍하게
unzulänglich 형 부족한, 불충분한
brüchig 형 부실한, 취약한
fördern 동 후원하다, 장려하다

<S. 130>

absterben 동 사멸하다, 소멸하다
entschlossen 형 단호한, 결연한
KSZE = Konferenz für Sicherheit und Zusammenarbeit in Europa 유럽안보협력회의
die Rüstung *_en* 무장, 군비
der Pakt *_e* 조약, 계약
Warschauer Pakt 바르샤바 조약
zwingen 동 강요하다, 강제하다(zwang, gezwungen)
jn zu et.[3] *zwingen* 누구를 강제로 무엇하지 않을 수 없게 만들다
umgeben 동 포위하다, 에워싸다(umgab, umgeben)
der Erzfeind *_e* 숙적, 불구대천의 원수
einreden 동 믿게 하다, 설득하다
die Aussöhnung *_en* 화해, 조정
die Verständigung *_en* 타협, 의사소통
das Integrationsspotential *_e* 통합(결속)할 수 있는 잠재력
erschöpfen 동 고갈시키다, 기진맥진하게 하다
die Fußballweltmeisterschaft 세계 축구선수권 대회, 월드컵 축구대회
das Verhältnis *_se* 관계, 비율, 비례, *(pl.)* 상황
der Kulturkreis *_e* 문화권
bieten 동 제공하다(bot, geboten)
sich jm bieten 누구에게 제공되다
herumsprechen 동 (소문을) 퍼뜨리다, 폭로하다

<S. 131>

sich weiter herumsprechen 소문이 널리 퍼지다
der Gebrauch *Gebräuche* 사용, 이용; *(pl.)* 관습
von et.[3] *Gebrauch machen* 무엇을 활용하다
ergeben 동 발생시키다, 입증하다, 밝히다
sich ergeben 입증되다, 밝혀지다
überflüssig 형 넘쳐나는, 남는; 불필요한
der Grundstock *_stöcke* 근간, 기반
heranwachsen 동 성장하다, 어른이 되다

gestatten 동 허락하다, 허용하다

von et.^{3} ausgehen 무엇에서 유래하다

6. Natur, Kunst und Schöpfung sind eine Einheit

<S. 133>

die Schöpfung *_en* 창조, 창작

erhalten 동 얻다, 접수하다

(er erhält; erhielt, erhalten)

ungewöhnlich 형 비범한, 특별한

das Angebot *_e* 제의, 제안; 공급, 매물

wenden 동 (무엇의) 방향을 바꾸다

(wandte/wendte, gewandt/gewendet)

sich an jn wenden 누구에게 의뢰(문의)하다

sich mit einer Bitte an jn wenden 누구에게 부탁하다

der Jude *_n* 유대인

knapp 형 근소한, 겨우 되는; 밀접한, 아주 가까이; 불충분한

die Verhaftung *_en* 체포, 구금

die Ermordung *_en* 살해

et.^{3} entgehen 무엇을 모면하다, 피하다

umstritten 형 논란거리인, 의견이 분분한

der Streifen _ 줄, 선, 줄무늬

spiralförmig 형 나선형의

nähern 동 접근시키다, 갖다 대다

sich et.^{3} nähern 무엇에 접근하다

<S. 134>

die Stadtväter *pl.* 시 행정의 지도층 인사들(시장, 시 의원 등)

zu et.^{3} bereit sein 무엇을 할 준비가 되어 있다

das Bauhaus 바우하우스(1919년 발터 그로피우스 등에 의해 독일 바이마르에서 창립되어 1933년 나치 세력에 의해 폐쇄된 건축공예학교. 예술과 기술의 통합이라는 이념으로 20세기 모더니즘 현대 건축과 디자인에 지대한 영향을 미쳤다.)

zerstören 동 파괴하다, 파멸시키다

der Fluch *Flüche* 저주, 재앙

das Verbrechen _ 죄, 범죄(행위)

der Auftraggeber _ 주문자, 의뢰인

freistellen 동 (누구를 의무 등에서) 면제시키다

anlegen 동 설계하다, 구상하다

die Einrichtung *_en* 시설, 설비

die Wäscherei *_en* 세탁소

jm[et.^{3}] gleichen 누구와(무엇과) 비슷하다, 닮다

umranden 동 (무엇에) 테를 두르다

reichen 동 다다르다, 닿다

mit den Armen reichen 팔(손)이 닿다

<S. 135>

die Fassade *_n* (건물의) 전면; 외양, 외모

die Kuppel *_n* 둥근 지붕, 반구(半球) 천정

die Gemeinde *_n* (읍·구에 해당되는 최소 행정구역의) 지역, 지역 자치단체; 지역 주민

restaurieren 동 복원하다, 보수하다

kahl 형 장식이 없는, 삭막한

schmücken 동 장식하다, 꾸미다

die Stufe *_n* 계단; 단계, 정도

schwingen 동 흔들다, 진동하다

(schwang, geschwungen)

dienen 동 섬기다, 돕다; 이용되다

(jm) als et. dienen (누구에게) 무엇으로 쓰이다

7. Naturwissenschaft und humanistische Bildung

<S. 137>

der Strom *Ströme* 흐름, 조류, 경향

erfüllen 동 (가득) 채우다

entspringen 동 발생하다, 생기다
(entsprang, entsprungen)

münden 동 흘러 들어가다; (…에) 다다르다, (…에) 통하다

der Ursprung *Ursprünge* 근원, 원천

spüren 동 느끼다, 알아채다

der Nutzen 유용함, 유익함, 이득

aus et.^{3} Nutzen ziehen 무엇에서 이득을 얻어내다, 무엇을 이용하다

die Ausbildung *_en* 육성, 교육

jm an et.^{3} liegen 누구에게는 무엇이 중요하다

einwenden 동 이의를 제기하다, 반대하다

die Fertigkeit *_en* 숙련, 기능, 기술

die Geschicklichkeit *_en* 숙련, 능숙, 능숙한 솜씨

erwerben 동 얻다, 취득하다
(er erwirbt: erwarb, erworben)

im Leben bestehen 인생에서 살아남다(성공하다)

gewissermaßen 부 어느 정도는

der Schmuck *Schmücke* 장식, 장식품

sich^3 et.^{4} leisten 무엇을 누리다(향유하다)

<S. 138>

die Tätigkeit *_en* 활동

an et.^{3} mitwirken 무엇에 조력하다, 적극 개입하다

sich mit et.^{3} begnügen 무엇에 만족하다

et.^{4} auf den Grund gehen 무엇의 근본을 탐구하다

auf et.^{4} stoßen 무엇에 부닥치다

aus et.^{3} Vorteile ziehen 무엇의 장점을 활용하다

von jm et.^{4} lernen 누구에게서 무엇을 배우다

beeinflussen 동 영향을 미치다

befruchten 동 결실을 거두다

einmalig 형 유일한, 전무후무한

ein einmaliger Fall 유일한 사례

die Berührung *_en* 접촉, 관계

mit et.^{3} in Berührung kommen 무엇과 결부되다

die Disziplin *_en* 학과, 학문의 분야(분과)

mit et.^{3} verbunden sein 무엇과 결부되어 있다

schließlich 부 궁극적으로는

grundsätzlich 형 원칙적인, 근본적인

zu et.^{3} führen 무엇으로 귀결되다, 어떤 결과에 이르다

erheben 동 일으키다, 세우다

sich auf dem Fundament ... erheben 무엇의 기반 위에 세워지다

aufs engste 아주 긴밀하게

die Brücke *_n* 다리, 교량, 가교

eine Brücke schlagen 다리를 놓다

in viel höherem Maße als früher 이전보다 훨씬 더

불규칙 동사표

부정법	직설법		접속법	과거분사
	현 재	과 거	II식	
backen	du bäckst	buk	büke	gebacken
(빵을) 굽다	er bäckt	(backte)	(backte)	
befehlen	du befiehlst	befahl	beföhle	befohlen
명령하다	er befiehlt		(befähle)	
beginnen		begann	begönne	begonnen
시작하다			(begänne)	
beißen	du beiß[es]t	biss	bisse	gebissen
물다	er beißt			
bergen	du birgst	barg	bärge	geborgen
숨기다	er birgt			
bewegen		beweg	bewöge	bewogen
…하게 하다				
biegen		bog	böge	gebogen
굽히다				
bieten		bot	böte	geboten
제공하다				
binden		band	bünde	gebunden
맺다				
bitten		bat	bäte	gebeten
청하다				
blasen	du bläs[es]t	blies	bliese	geblasen
불다	er bläst			
bleiben		blieb	bliebe	geblieben
머무르다				
braten	du brätst	briet	briete	gebraten
굽다	er brät			
brechen	du brichst	brach	bräche	gebrochen
깨다	er bricht			

부정법	직설법		접속법	과거분사
	현 재	과 거	II식	
brennen		brannte	brennte	gebrannt
(불)타다				
bringen		brachte	brächte	gebracht
가져오다				
denken		dachte	dächte	gedacht
생각하다				
dringen		drang	dränge	gedungen
밀고 나아가다				
dürfen	ich darf	durfte	dürfte	gedurft
해도 좋다	du darfst			
	er darf			
empfehlen	du empfiehlst	empfahl	empföhle	empfohlen
추천하다	er empfiehltl		(empfähle)	
erlöschen	du erlisch[e]st	erlosch	erlösche	erloschen
(불이) 꺼지다	er erlischt			
erschrecken	du erschrickst	erschrak	erschräke	erschrocken
놀라다	er erschrickt			
essen	du isst	aß	äße	gegessen
먹다	er ißt			
fahren	du fährst	fuhr	führe	gefahren
타고 가다	er fährt			
fallen	du fällst	fiel	fiele	gefallen
떨어지다	er fällt			
fangen	du fängst	fing	finge	gefangen
붙잡다	er fängt			
fechten	du fichtst	focht	föchte	gefochten
싸우다	er ficht			
finden		fand	fände	gefunden
발견하다				
flechten	du flichst	flocht	flöchte	geflochten
엮다, 땋다	er flicht			
fliegen		flog	flöge	geflogen
날다				
fliehen		floh	flöhe	geflohen
달아나다				

부정법	직설법		접속법	과거분사
	현 재	과 거	II식	
fließen 흐르다	du fließ[es]t er fließt	floss	flösse	geflossen
fressen (동물이) 먹다	du frisst er frisst	fraß	fräße	gefressen
frieren 얼다		fror	fröre	gefroren
gebären 낳다	du gebierst er gebiert	gebar	gebäre	geboren
geben 주다	du gibst er gibt	gab	gäbe	gegeben
gefallen 마음에 들다	es gefällt	gefiel	gefiehle	gefallen
gehen 가다	du gehst er geht	ging	ginge	gegangen
gelingen 성공하다		gelang	gelänge	gelungen
gelten 가치가 있다	du giltst er gilt	galt	gölte (gälte)	gegolten
genesen (병이) 낫다	du genes[es]t er genest	genas	genäse	genensen
genießen 즐기다		genoss	genösse	genossen
geschehen (일이) 일어나다	es geschiet	geschah	geschähe	geschehen
gewinnen 얻다		gewann	gewönne (gewanne)	gewonnen
gleichen 같다		glich	gliche	geglichen
gießen (물을) 붓다	du gieß[es]t er gießt	goss	gösse	gegossen
gleiten 미끄러지다		glitt	glitte	geglitten
graben 파다	du gräbst er gräbt	grub	grübe	gegraben

부정법	직설법		접속법	과거분사
	현 재	과 거	II식	
greifen		griff	griffe	gegriffen
잡다, 쥐다				
haben	du hast	hatte	hätte	gehabt
가지고 있다	er hat			
halten	du hältst	hielt	hielte	gehalten
유지하다	er hält			
hängen(hangen)	du hängst	hing	hinge	gehangen
걸려 있다	er hängt			
hauen		hieb	hiebe	gehauen
때리다, 치다				
heben		hob	höbe	gehoben
올리다				
heißen	du heiß[es]t	hieß	hieße	geheißen
…라고 불리다	er heißt			
helfen	du hilfst	half	hülfe	geholfen
돕다	er hilft			
kennen		kannte	kennte	gekannt
알다				
klingen		klang	klänge	geklungen
(소리가) 울리다				
kommen		kam	käme	gekommen
오다				
können	ich kann	konnte	könnte	gekonnt
…할 수 있다	du kannst			
	er kann			
kriechen		kroch	kröche	gekrochen
기다				
laden	du lädst	lud	lüde	geladen
(짐을) 싣다	er lädt			
lassen	du lässt	ließ	ließe	gelassen
시키다	er lässt			
laufen	du läufst	lief	liefe	gelaufen
달리다	er läuft			
leiden		litt	litte	gelitten
시달리다				

부정법	직설법		접속법	과거분사
	현 재	과 거	II식	
leihen		lieh	liehe	geleihen
빌려 주다				
lesen	du liest	las	läse	gelesen
읽다	er liest			
liegen		lag	läge	gelegen
놓여 있다				
lügen		log	löge	gelogen
거짓말하다				
meiden		mied	miede	gemieden
피하다				
messen	du misst	maß	mäße	gemessen
재다	er misst			
mögen	ich mag	mochte	möchte	gemocht
좋아하다	du magst			
	er mag			
müssen	ich muss	musste	müsste	gemusst
…해야 한다	du musst			
	er muss			
nehmen	du nimmst	nahm	nähme	genommen
잡다				
nennen		nannte	nennte	genannt
명명하다				
preisen	du preis[es]t	pries	priese	gepriesen
칭찬하다	er preist			
quellen	du quillst	quoll	quölle	gequollen
(물이) 솟아	er quillt			
나오다				
raten	du rätst	riet	riete	geraten
충고하다	er rät			
reiben		rieb	riebe	gerieben
문지르다				
reißen		riss	risse	gerissen
찢다				
reiten		ritt	ritte	geritten
말타다				

부정법	직설법		접속법	과거분사
	현 재	과 거	II식	
rennen 달리다		rannte	rennte	gerannt
riechen 냄새나다		roch	röche	gerochen
ringen 격투하다		rang	ränge	gerungen
rinnen 흐르다		rann	rönne (ränne)	geronnen
rufen 부르다		rief	riefe	gerufen
saufen (동물이) 마시다	du säufst er säuft	soff	söffe	gesoffen
schaffen 창조하다		schuf	schüfe	geschaffen
scheiden 나누다, 가르다		schied	schiede	geschieden
scheinen 빛나다		schien	schiene	geschienen
scheißen 똥누다		schieß	schisse	geschissen
schelten 꾸짖다	du schiltst er schilt	schalt	schölte (schälte)	gescholten
schieben 밀다		schob	schöbe	geschoben
schießen 쏘다	du schießt er schießt	schoss	schösse	geschossen
schlafen 자다	du schläfst er schläft	schlief	schliefe	geschlafen
schlagen 치다	du schlägst er schlägt	schlug	schlüge	geschlagen
schleichen 소리내지 않고 걷다, 기다		schlich	schliche	geschlichen
schließen 닫다	du schließt er schließt	schloss	schlösse	geschlossen

부정법	직설법		접속법	과거분사
	현 재	과 거	II식	
schlignen 휘감다		schlang	schlänge	geschlungen
schmelzen 녹다	du schmilzt er schmilzt	schmolz	schmölze	geschmolzen
schneiden 자르다		schnitt	schnitte	geschnitten
schreiben 쓰다		schrieb	schriebe	geschrieben
schreien 외치다		schrie	schriee	geschrie[e]n
schmeißen 던지다		schmieß	schmisse	geschmissen
schreiten 걷다		schritt	schritte	geschritten
schweigen 침묵하다		schwieg	schwiege	geschwiegen
schwellen 부풀다	du schwillst er schwillt	schwoll	schwölle	geschwollen
schwimmen 헤엄치다		schwamm	schwömme (schwämme)	geschwommen
schwinden 사라지다		schwand	schwände	geschwunden
schwören 맹세하다	du schwörst er schwört	schwur	schwüre	geschworen
sehen 보다	du siehst er sieht	sah	sähe	gesehen
sein 있다, …이다	ich bin du bist er ist	war	wäre	gewesen
senden 보내다		sandte (sandete)	sendete	gesendet
singen 노래하다		sang	sänge	gesungen
sinken 가라앉다		sank	sänke	gesunken

부정법	직설법		접속법	과거분사
	현 재	과 거	II식	
sinnen 곰곰히 생각하다		sann	sänne	gesonnen
sitzen 앉아 있다	du sitz[es]t er sitzt	saß	säße	gesessen
sollen 마땅히 …해야 한다	ich soll du sollst er soll	sollte	sollte	gesollt
spinnen 짜다, 잣다		spann	spönne (spänne)	gesponnen
sprechen 말하다	du sprichst er spricht	sprach	spräche	gesprochen
springen 뛰다		sprang	spränge	gesprungen
stechen 찌르다	du stichst er sticht	stach	stäche	gestochen
stehen 서 있다		stand	stände	gestanden
stehlen 훔치다	du stiehlst er stiehlt	stahl	stöhle (stähle)	gestohlen
steigen 오르다		stieg	stiege	gestiegen
sterben 죽다	du stirbst er stirbt	starb	stürbe	gestorben
stoßen 찌르다	du stöß[es]t er stößt	stieß	stieße	gestoßen
streichen 쓰다듬다/ 배회하다		strich	striche	gestrichen
streiten 다투다		stritt	stritte	gestritten
tragen 운반하다	du trägst er trägt	trug	trüge	getragen
treffen 맞추다	du triffst er trifft	traf	träfe	getroffen

부정법	직설법		접속법	과거분사
	현 재	과 거	II식	
treiben 쫓다, 몰고가다		trieb	triebe	getrieben
treten 밟다	du trittst er tritt	trat	träte	getreten
trinken 마시다		trank	tränke	getrunken
trügen 속이다		trog	tröge	getrogen
tun 하다	du tust er tut	tat	täte	getan
verbieten 금지하다		verbot	verböte	verboten
verderben 썩다	du verdirbst er verdirbt	verdarb	verdürbe	verdorben
vergessen 잊다	du vergiss[es]t er vergisst	vergaß	vergäße	vergessen
verlieren 잃다		verlor	verlöre	verloren
vermögen …할 능력이 있다	ich vermag du vermagst er vermag	vermochte	vermöchte	vermocht
verzeihen 용서하다		verzieh	verziehe	verziehen
wachsen 자라다	du wächs[es]t er wächst	wuchs	wüchse	gewachsen
waschen 씻다	du wäsch[e]st er wäscht	wusch	wüsche	gewaschen
weben 짜다		wob	wöbe	gewoben
weichen 물러나다		wich	wiche	gewichen
weisen 가리키다	du weis[es]t er weist	wies	wiese	gewiesen
wenden 돌리다	du wendest er wendet	wandt	wendete	gewandt

부정법	직설법		접속법	과거분사
	현 재	과 거	II식	
werben	du wirbst	warb	würbe	geworben
선전하다	er wirbt			
werden	du wirst	wurde	würde	geworden
되다	er wird			
werfen	du wirfst	warf	würfe	geworfen
던지다	er wirft		(wärfe)	
wiegen		wog	wöge	gewogen
무게가 …이다				
winden		wand	wände	gewunden
(휘)감다				
wissen	ich weiß			
알고 있다	du weißt	wusste	wüsste	gewusst
	er weiß			
wollen	ich will	wollte	wollte	gewollt
원하다	du willst			
	er will			
ziehen		zog	zöge	gezogen
끌다				
zwingen		zwang	zwänge	gezwungen
강요하다				

Bildung und Humanität

초판 1쇄 발행 2005년 2월 25일
초판 7쇄 발행 2021년 7월 25일

편저자 서울대학교 인문대학 독어독문학과
교양독일어교재 편찬위원회

펴낸곳 서울대학교출판문화원
주소 08826 서울 관악구 관악로 1
도서주문 02-889-4424, 02-880-7995
홈페이지 www.snupress.com
페이스북 @snupress1947
인스타그램 @snupress
이메일 snubook@snu.ac.kr
출판등록 제15-3호

ISBN 978-89-521-1610-9 (93750)